すごい神話・現代人のための神話学53講

세상의 모든 이야기는   신화에서 시작되었다

오키타 미즈호 지음
이정미 옮김

포레스트북스

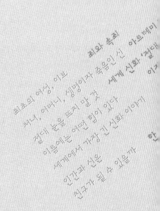

최초의 여성, 이브
최초의 여성, 어머니, 생명이자 죽음인 신
처녀, 어머니, 생명이자 죽음인 신
절대 눈을 뜨지 말 것
이름에는 어떤 힘이 있다
세계에서 가장 긴 신화 이야기
인간과 신은
친구가 될 수 있을까
세계 신화 '절대
최고의 축제 아르테미
이건
한

머리말

어린 시절 신화학에 끌렸던 순간을 또렷이 기억한다. 중학
교 시절 요시다 아쓰히코(吉田敦彦)와 마쓰무라 가즈오(松村
一男)가 쓴 『신화학이란 무엇인가(神話学とは何か)』를 읽었을
때였다. 내가 좋아했던 신화가 체계적인 학문으로 정리되
어 있다는 사실에 큰 감동을 받았다. 커서 신화에 관한 책
을 써야겠다고 마음먹은 것도 그즈음이었다. 그랬다. 어릴
적 꿈은 학자나 교수가 아닌 '책을 쓰는 사람'으로서 특별
한 이유 없이 신화에 끌리는 일반인, 즉 예전의 나와 같은
사람들에게 신화란 무엇인지 생각할 단서를 주는 책을 쓰
는 것이었다.

어떤 이야기를 써야 할까 고민을 하다 보니 신화학자로서 가장 많이 받는 질문을 떠올리게 되었다. 사람들이 내게 평소 가장 많이 하는 질문은 현대 작품 속에 숨어 있는 신화적 요소에 관한 이야기다. 실제로 요즘 나오는 영화, 드라마, 만화, 게임 속에는 신화의 인물이나 소재들이 다양하게 등장한다. 이런 부분에서 신화는 단순히 옛이야기가 아닌 '지금 여기에서 살아 숨 쉬는 존재'라고 할 수 있다. 나는 이 책에서도 신화를 지금도 살아 있는 존재로 대하고 싶다. 되도록 우리의 일상생활과 밀접한 이야기를, 소셜 미디어에서 나누는 대화처럼 혹은 최근에 재밌게 접한 영화나 게임을 말하듯이 자유롭게 소개하고 싶다. 하나의 결론을 향해 가기보다는 그때그때 떠오르는 대로 다채로운 신화를 최대한 원형 그대로 보여주려 한다. 이를 읽고 독자들이 신화를 체험하고 즐긴다면 좋겠다. 물론 그 안에서 이제껏 신화학이 밝혀낸 신화의 구조나 체계에 관한 이야기도 조금씩 섞을 생각이다. 아마도 책을 읽다 보면 여러분도 모르는 사이에 신화학의 기초지식이 차곡차곡 쌓일 것이다. 무엇보다 현대의 소설, 영화, 게임이 알고 보면 신화와 똑같은 구조를 가졌다는 사실만큼은 꼭 이해하길 바란다. 실은 이 책을 쓰는 가장 큰 목적은 '신화는 지금도 살아 있다'라는 사실을 알리는 데 있기 때문이다.

신화학은 일반인에게 낯선 학문이다. 신화학을 이해하려면 신화가 무엇인지부터 알아야 하지만 '문학이란 무엇인가?'라는 질문에 한마디로 답하기 어렵듯 신화도 마찬가지로 딱 잘라 정의하기가 쉽지 않다. 그래도 확실히 말할 수 있는 한 가지는 신화를 이해하고 나면 여러분이 알고 있는 현대의 모든 콘텐츠 스토리들이 한결 더 풍부하게 느껴질 것이라는 점이다. 신화는 세상 모든 이야기의 근원이다. 이 책이 부디 여러분의 신화에 대한 흥미를 깨우고 신화학을 이해하는데 작게나마 도움을 줄 수 있기를 바라본다.

오키타 미즈호

IV

삶과 죽음, 그 사이의 여성

신화, 이야기의 씨앗

I

すごい神話

신화는 세계 어디에나 존재한다. 비록 지금은 점차 사라지고 있지만 모든 장소는 저마다 고유의 신화를 간직하고 있다. 신화를 한마디로 정의하기는 어렵지만 신화 속 이야기를 하나씩 접하다 보면 신화가 무엇인지 어렴풋하게나마 이해할 수 있다. 그럼 신화와 함께 떠나는 세계 여행을 시작해보자.

인간은 왜 죽어야만 하는가?
「귀멸의 칼날」

인도네시아 바나나형 신화

2020년 일본에서는 고토게 코요하루(吾峠呼世晴)의 「귀멸의 칼날」이 엄청난 돌풍을 일으켰다. 이 만화는 2016년부터 2020년까지 《주간 소년 점프》에 연재되면서 단행본으로는 총 23권이 나왔는데, 2021년 2월에는 시리즈 합계 발행 부수가 무려 1억 5천만 부를 넘어섰다. 2020년 10월에는 극장판 애니메이션 「귀멸의 칼날: 무한열차편」이 개봉했고 약 두 달 만에 흥행수입이 324억 엔을 돌파하며 그전까지 1위를 지켜왔던 「센과 치히로의 행방불명」을 제쳤다.

그런데 이토록 크게 인기를 끈 작품의 중심 테마가 사실은 신화에서 비롯됐다면 어떨까? (아래는 「귀멸의 칼날」 스포일

러가 포함되어있다)「귀멸의 칼날」은 목을 베야만 죽는 '혈귀'와
이에 맞서는 '인간'의 싸움을 그린다. 주인공 카마도 탄지로
는 혈귀로 변한 여동생 네즈코를 인간으로 되돌리기 위해
혈귀의 시조이자 두목인 키부츠지 무잔을 찾아다닌다. 여
기서 인간과 혈귀의 싸움은 탄지로와 네즈코가 보여주는
가족애와 혈귀로 대표되는 무자비한 자기 중심주의라는
가치관의 대립으로도 볼 수 있다.

이와 같은 가치관의 대립은 신화에서도 자주 등장한다.
전형적인 예가 '바나나형(型) 신화'(태초의 인간이 딱딱한 돌과 물렁
물렁한 바나나 중 달지만 쉽게 상하는 바나나를 선택했기 때문에 영원히 살 기
회를 잃고 유한한 생명을 갖게 되었다는 내용을 골자로 하는 신화-옮긴이)라
고 불리는 죽음의 기원에 관한 이야기다. 인도네시아에서
전해져 오는 바나나와 돌의 이야기를 살펴보자.

먼 옛날, 바나나 나무와 돌이 인간은 어떤 존재여야 할지
말다툼을 벌였다. 돌은 말했다.
"인간은 돌과 같은 생김새에 돌처럼 딱딱해야 해. 반쪽만
있는 몸에 손도 발도 눈도 귀도 모두 하나면 충분하지. 그
리고 영원히 죽지 않아야 해."
그러자 바나나가 대답했다.

"아니. 인간은 바나나처럼 손, 발, 눈, 귀가 모두 두 개씩이고 바나나처럼 아이를 낳아야 해."

말다툼이 격렬해지자 화가 난 돌은 자신의 몸을 던져 바나나 나무를 부러뜨렸다. 하지만 다음 날 그곳에는 바나나 나무의 아이들이 자라났고 그중 가장 큰 아이가 또다시 돌과 똑같은 논쟁을 벌였다. 그렇게 바나나 나무와 돌이 계속 싸우자 어느 날 새로운 바나나 나무에서 태어난 첫째 아이가 벼랑 끝에서 돌을 향해 외쳤다.

"이 싸움은 어느 한쪽이 이길 때까지 끝나지 않는다고!"

그 말을 들은 돌은 욱하는 마음에 바나나를 향해 몸을 던졌지만 살짝 비껴가면서 깊은 골짜기 아래로 떨어지고 말았다. 바나나 나무들은 크게 기뻐하며 외쳤다.

"거기서는 못 올라오지? 우리가 이겼어!"

그러자 돌은 말했다.

"상관없어. 인간이 바나나처럼 된다고 해도. 대신 인간은 바나나처럼 죽음을 맞닥뜨려야 할 거야."[1]

신화 속에서 돌은 늙지도 죽지도 않고 똑같은 모습으로 영원히 살아간다. 대신 가족을 만들지는 못한다. 하나의 개체로서 죽지 않고 계속해서 자손을 낳는다면 개체 수가 넘쳐나서 세계의 질서가 무너지기 때문이다. 반면 바나나는 언젠가 죽는다. 대신 아이를 낳고 가족을 이루고 살 수 있다. 영원불멸한 생명을 얻을 것인지, 비록 유한한 생명을 가지더라도 자손을 퍼뜨리며 종(種)으로서 존속할지 둘 중 하나를 선택해야 하는 것이다. 참으로 정밀하게 짜인 신화 속 논리다.

돌과 바나나는 각각 「귀멸의 칼날」에 등장하는 혈귀와 인간을 닮았다. 혈귀는 영원한 삶을 살지만 신화 속 돌과 같은 운명을 받아들여야 한다. 반면 인간은 생명이 유한한 대신 탄지로와 네즈코처럼 끈끈한 가족의 연을 맺고 서로 사랑할 수 있다. 한쪽에는 영원한 삶이, 다른 한쪽에는 죽음과 사랑이 있는 셈이다. 하지만 때로는 가족을 동경하는 혈귀가 나오기도 한다. 가짜 가족이라도 만들고자 했던 안타까운 혈귀의 이야기나 남매가 한 몸이 된 혈귀도 등장한다. 혈귀는 대부분 인간 시절의 인연이나 사랑을 잊었지만 소멸하는 순간 먼 옛날 인간으로 살았던 기억을 떠올리고 사랑의 감정을 느낄 때도 있다. 결국 「귀멸의 칼날」 전체를 관통하는 중심 테마는 인간의 죽음과 사랑, 혈귀의 영원불멸하지만 사랑 없는 삶이다. 그리고 이는 인도네시아의 신화 속 바나나와 돌의 관계와 매우 유사하다.

이처럼 현대의 다양한 작품은 신화와 연관 지어 해석할 수 있다. 아니, 좀 더 강하게 말하자면 거의 모든 이야기의 원형은 신화에서 비롯됐다고 해도 과언이 아니다. 물론 이 말이 현대 작품의 가치를 낮게 평가한다는 뜻은 아니다. 오히려 어느 시대든 뛰어난 작가들이 신화에 새로운 생명력을 불어넣고 있다고 생각한다.

사랑을 깨닫자 죽음이 찾아왔다, 『100만 번 산 고양이』

나이지리아 신화

어린 시절부터 좋아했던 그림책 중에 사노 요코(佐野洋子)의 『100만 번 산 고양이』라는 책이 있다. 일본에서는 누구나 한 번쯤 들어봤을 정도로 유명한 책이다.

이 그림책은 한 고양이의 되풀이되는 삶을 다룬 이야기로 삶과 죽음에 대해 깊이 생각하게 만드는 작품이다. 주인공 얼룩 고양이는 무려 100만 년 동안이나 죽었다가 다시 태어나는 과정을 반복하며 진정한 의미의 죽음은 겪지 않는다. 그러던 어느 날 고양이는 도둑고양이로 새로 태어난다. 암고양이들의 시선을 한 몸에 받는 멋진 외모 덕에 스스로도 자신이 아주 만족스러웠다. 하지만 고양이는 자기에게 눈길도 주지 않던 흰색 암고양이와 사랑에 빠지고 둘은 매일 같이 붙어 지낸다. 그리고 새끼 고양이도 많이 낳는다. 이후 고양이는 자신보다 부인과 아이들을 더 사랑하지만 새끼 고양이들은 금세 자라서 어디론가 떠나버리고, 부인 고양이마저 죽음을 맞이한다. 슬픔에 젖어 낮이고 밤이고 계속 울던 고양이는 어느 날 울음이 그치자 그대로 숨을 거둔다. 그림책은 "고양이는 이제 더 이상 다시 태어나지 않았습니다."라는 문장으로 끝을 맺는다.

고양이는 왜 이번에야말로 진짜 죽음을 맞이했을까? 이 질문에 대한 대답은 '거북이의 부탁'이라는 나이지리아 신화에서 찾을 수 있다. 이 신화는 영국 작가 마거릿 마요(Margaret Mayo)가 쓴 『세상이 시작될 때(When the World Was Young)』에 아이들을 위한 동화로 재구성되어 실렸다.

이 세상의 시작에는 죽음이란 개념이 존재하지 않았다. 거북이와 거북이 부인, 남자와 여자, 돌멩이를 포함한 세상의 모든 것들이 영원히 살 수 있었다. 그렇게 정한 이는 세상을 만든 하느님이었다.

어느 날 거북이와 거북이 부인은 아이를 갖고 싶어서 하느님을 찾아갔다. 하느님은 말했다.

"신중히 생각하게. 아이가 생기면 너희들은 영원히 살 수 없어. 언젠가는 죽어야만 하지. 그렇지 않으면 이 세상에 거북이가 너무 많아지기 때문이야."

거북이와 거북이 부인은 대답했다.

"먼저 아이를 갖게 해주세요. 그러면 죽어도 좋습니다."

하느님은 거북이의 부탁을 들어주었다. 얼마 지나지 않아 거북이에게는 많은 아기가 태어났다. 그 소식을 들은 인간도 하느님을 찾아가 부탁했고 머지않아 새로운 생명이 태어났다. 하지만 돌은 새끼 거북이와 인간의 아이들이 아장아장 걸으며 즐겁게 노는 모습을 보고도 아이를 갖고 싶지 않았다. 그래서 하느님을 찾아가지 않았다.

그렇게 해서 지금도 인간과 거북이는 영원히 살지 못하고 죽음을 맞이해야 한다. 하느님이 그렇게 정하셨다. 하지만 돌은 아이를 갖지 않는 까닭에 죽지 않고 영원히 살 수 있게 되었다.[2]

나이지리아 신화 '거북이의 부탁'도 신화학에서는 '바나나형 신화'로 분류된다. 거북이와 인간은 아이를 낳는 대신 죽음을 받아들였다. 인도네시아 신화 속 바나나의 운명과 같다. 반면 돌은 아이를 원하지 않았기에 영생을 누리게 되었다.

이 신화에 비춰 보면 『100만 번 산 고양이』의 삶은 전반부와 후반부에서 정반대의 의미를 갖는다. 전반부에서 얼룩 고양이는 신화 속 돌과 같은 운명을 산다. 죽어도 다시 태어나니 진정한 의미의 죽음은 없다. 하나의 개체로서 무한히 살 수 있다. 반대로 후반부에서는 바나나의 삶과 같아진다. 아이를 낳고 자손을 번성하는 대신 개체로서는 죽는다.

고양이의 삶은 어떤 의미를 지닐까. 죽었으니 그대로 끝일까. 아무런 의미가 없을까. 그렇지 않다. 고양이는 사랑을 알았다. 사랑의 결과물로 아이를 얻었으니 자식이 곧 생명의 대가인 셈이다. 사랑은 성(性)을 의미하며 죽음과 떼어 놓을 수 없다. 에로스(사랑)와 타나토스(죽음)는 언제나 붙어 다니기 때문이다. 또한 이들은 불멸의 삶과 정반대 지점에 놓여 있다. 이것이 신화에 담긴 논리다. 『100만 번 산 고양이』는 옛 신화에 담긴 가치관인 삶과 죽음, 사랑에 대한 깊은 통찰을 현대에 되살려놓은 작품이다.

영원한 젊음을 얻게 해주는 '허물'

오세아니아의 탈피형 신화

어릴 적 나는 산에 둘러싸인 집에서 자랐다. 덕분에 살아 있는 자연 속에서 다양한 생물을 접하며 자랐는데 그중 내가 가장 흥미롭게 관찰했던 생물은 바로 '뱀'이었다. 뱀은 내게 공포의 대상임과 동시에 강한 호기심을 불러일으키는 동물이었다. 뱀은 대표적인 탈피 동물인데 '탈피'와 이로써 되찾는 '젊음'은 신화 속에서 자주 다루는 요소로 오세아니아의 신화에도 등장한다.

오세아니아는 오스트레일리아 대륙과 뉴질랜드가 속한 폴리네시아, 뉴기니섬이 있는 멜라네시아, 괌과 팔라우가 있는 미크로네시아, 네 지역으로 나뉜다. 하지만 신화학자

들은 조금 다른 구분 방식을 따른다. 예를 들면 폴리네시아에는 대지의 신 파파와 하늘의 신 랑기가 중심인 창세 신화가 발달했다. 반면 멜라네시아에는 창세 신화가 없고 신화 속에서 우주는 원래부터 있던 존재로 상정한다. 그리고 인간은 땅에서 나온 한 명의 여자에서 시작한다. 미크로네시아의 신화는 다양하다. 창세 신화의 하나로 태초에 존재했던 신의 사체에서 세계가 만들어졌다고 보는 '세계 거인형 신화'가 대표적이다.

오스트레일리아 신화의 핵심 개념은 '꿈의 시대'로 이는 신화에 존재하는 완벽했던 과거를 말한다. 모든 자연과 문화는 꿈의 시대에 형성되었다고 하며 이러한 의식은 지금까지도 계승되어 오스트레일리아 원주민의 전통 의례에서 그 모습을 엿볼 수 있다. 이처럼 오세아니아는 하나로 묶여 불리지만 각양각색의 신화가 숨겨진 다채로운 지역이다. 탈피로 젊음을 되찾는 내용이 담긴 신화는 멜라네시아의 솔로몬 제도에서 전해진다.

인간은 원래 뱀처럼 탈피해서 젊어질 수 있었다. 그리고 영원히 청춘을 누렸다. 어느 날 한 여자가 어린 딸을 할머니에게 맡기고 밭일을 하러 갔다. 할머니는 그때 마침 젊어지기 위해 탈피를 한 뒤 낡은 껍질을 강가에 버리고 집으로 왔다. 그러자 손녀는 젊어진 할머니를 알아보지 못하고 엉엉 울기만 했다. 하는 수 없이 할머니는 강가로 가서 낡은 껍질을 다시 입고 돌아왔다. 그제야 손녀는 울음을 멈췄다. 이때부터 인간은 탈피해서 젊어질 수 없었다.[3]

먼 옛날 인간은 뱀처럼 탈피해서 젊음을 되찾고 영원한 삶을 누렸다. 하지만 어떤 사건이 일어나 탈피를 하지 못하자 죽음을 겪는다. 이런 부류의 이야기는 '죽음의 기원에 관한 탈피형 신화'라고 불리는데 멜라네시아뿐 아니라 인도네시아에도 있다. 또 메소포타미아 신화에서는 영웅 길가메시(고대 도시 우루크를 다스렸다고 전해지는 전설적인 왕으로, 영생의 비밀을 찾아 떠나는 모험을 다룬 바빌로니아의 문학작품 『길가메시 서사시』의 주인공으로 유명하다-옮긴이)가 어렵게 구한 불로초를 뱀이 먹는 바람에 뱀은 탈피를 하지만 인간은 그렇지 못하고 나이를 먹고 죽는다는 이야기가 전해진다. 인간은 뱀과 달리 탈피하지 못하고 언젠가 죽음을 맞이해야 한다는 이야기는 세계 곳곳에서 찾아볼 수 있다. 뱀의 탈피가 인간에게는 매우 강렬한 인상을 남기는 모양이다.

가장 위대한 존재조차도
피할 수 없는 것

이집트 신화 '태양신 라'

고속도로를 달리다가 다리에 걸린 현수막에서 '70대를 노인이라 부르지 않는 마을'이라는 문구를 본 적이 있다. 순간 나도 모르게 웃음이 터져 나왔지만 가만 보니 곰곰이 생각해볼 문제였다. '노인'의 구체적인 뜻은 무엇일까. 문득 이집트 신화 '태양신 라(Ra)'의 이야기가 떠올랐다.

세계에서도 가장 오래된 급에 속하는 이집트 신화는 사후에 영혼이 받는 재판, 파괴와 은혜의 상징 나일강, 동물의 모습을 한 신 등 개성 강한 이야기로 유명하다. 그중에서도 가장 흥미로운 신은 '태양신 라'다. 인간에게 없어서는 안 될 존재이면서 강력한 더위와 가뭄을 주는 공포의 상징

이기도 한 태양은 신화 속에서 중요한 신으로 등장한다. 그
런데 이집트 신화에서는 이토록 강력한 태양신도 나이를
먹고 결국 왕의 자리에서 물러난다. 신이 늙으면 어떻게 될
까? '태양신 라'의 이야기를 살펴보자.

라는 스스로 창조한 세계를 지상부터 다스렸다. 그가 권력
을 쥔 시대는 일종의 황금기였다. 젊고 힘이 넘쳤던 라는
견고한 통치력으로 나라를 이끌었다. 그는 태양이었기에
매일 똑같은 일과를 보냈다. 일어나서 화장을 마치면 아침
의 별이 가져다주는 식사를 한 후 헬리오폴리스의 벤벤 신
전에서 나와 대기의 신 슈를 따라 왕국에 있는 열두 개의
주(써, 낮 시간을 의미)를 근엄하게 돌아다녔다. 라의 꼼꼼한 시
찰은 때로는 매우 탄압적이어서 민중들은 반란을 일으키
기도 했지만 강력한 라에 비해 그들의 힘은 약했다. 어느
날 뱀 아페프는 라의 적과 공모하여 해가 뜰 때 라를 죽이
기로 한다. 싸움은 종일 이어졌지만 결국 아페프는 지고 말
았다.

하지만 세월이 흐르면서 라는 노쇠했다. 점점 자제심을 잃
고 급기야 입에서 침을 흘리는 노인이 되었다. 사람들은 그
의 변화를 알아차렸고 반란을 계획했다. 이를 안 라는 인간

들을 굴복시키려고 사자의 모습을 한 여신 세크메트를 보냈고 그녀는 수많은 인간을 무참하게 살해했다. 인간에게 충분한 벌을 내렸다고 생각한 라는 이대로 싸움을 계속하면 땅 위에 생물이 남아나지 않겠다는 판단에 세크메트가 잠든 사이 사람의 피와 흡사한 빨간색 색소를 맥주에 타서 인간들이 숨어 있는 곳 근처에 뿌렸다. 잠에서 깬 세크메트는 맥주를 인간의 피로 착각해 취할 때까지 마셨고 결국 대살육을 멈췄다.

라는 승리했지만 오랜 싸움으로 피폐해지자 왕의 자리에서 물러나기를 원했다. 그는 암소의 모습을 한 하늘의 신 누트의 등에 업혀 하늘로 올라갔다. 이때 다른 신들은 그녀의 배에 매달려 별이 되었다. 이렇게 하늘과 땅, 신과 인간은 서로 분리되었고 오늘날과 같은 세계가 만들어졌다.[4]

현대를 살아가는 우리에게도 나이를 먹으면서 자제심을 잃어버리는 노쇠한 권력자의 모습이 낯설지만은 않다. 이들은 오랜 현역 생활에 지쳐 자리에서 그만 물러나고 싶은 마음도 있지만 이런저런 일에 얽매여 쉽게 결단을 내리지 못한다. 그러다가 반란을 꾀하는 부하라도 나타나면 자신의 절대 권력을 무자비하게 휘두르면서 폭군으로 변한다. 노인 인구가 절대적으로 늘어난 요즘 '태양신 라'의 이야기가 어쩐지 현실적이고 무섭게 다가온다.

닿을 수 없는 곳,
달을 향한 인간의 상상력

북아메리카 신화 '달과 개구리'

동양에서는 밤하늘에 떠 있는 달을 보며 토끼를 떠올리는 사람이 많다. 하지만 북아메리카에서는 달에 개구리가 살고 있다는 신화가 전해진다. 잠시 아메리카 대륙의 역사를 간략히 살펴보자. 아메리카 대륙의 원주민인 인디언은 빙하기 때 육지로 연결됐던 베링 해협을 건너온 아시아인이다. 이들은 북아메리카 대륙에 도착하자 계속해서 남쪽으로 이동하면서 단기간에 남아메리카 대륙 남단까지 퍼졌다.

　신화적으로는 남아메리카는 천체와 재배 식물에 대한 기원 신화가 많고, 먼 옛날 일어난 화재나 홍수에 관한 이야기가 풍부하게 발달했다. 북아메리카에는 태초의 바다

에서 세계가 탄생했다거나 깊은 땅속에서 인류가 출연했
다는 부류의 신화가 많다. 메소아메리카 즉, 중앙아메리카
에서는 기원전 12세기부터 스페인이 침략하여 점령할 때
까지 올멕, 사포텍, 테오티우아칸, 아스텍, 마야 등 특징 있
는 문명들이 흥망을 거듭했다. 이곳에는 세계에 널리 퍼져
있는 창조와 파괴, 태양과 달의 신화가 주를 이룬다. 그럼
이제 앞에서 말한 북아메리카 인디언 부족 사이에서 전해
오는 '달과 개구리'라는 신화를 살펴보자.

형제지간이었던 해와 달은 하늘나라에 있는 넓은 들판에
서 부모님과 함께 살고 있었다. 어느 날 둘은 결혼 상대를
찾기로 했다. 동생인 달은 인간과 결혼하고 싶었지만 형인
해는 개구리를 아내로 맞이하고 싶었다. 인간은 태양을 볼
때 얼굴을 찌푸려서 보기 흉한데 개구리는 두 눈을 똑바로
뜨고 보기 때문이었다.

달은 고슴도치로 변신해서 인간이 있는 곳으로 갔다. 예쁜
고슴도치를 본 인간의 딸은 달의 아름다운 본모습에도 매
료되어 결혼을 약속했다. 하늘나라에 올라간 둘은 부모님
에게 큰 환영을 받았다.

해도 아내로 맞이할 개구리를 데리고 왔다. 하지만 그녀는

인간과 달리 이상하게 자꾸만 소변을 지렸다. 달의 아내인 인간은 모든 일에 능숙했고 옥처럼 어여쁜 아이도 낳았다. 하지만 개구리는 모든 일에 서툴러서 남편뿐 아니라 시동생과 시부모님에게도 무시를 당했다. 이에 화가 난 개구리는 앙갚음하려는 마음으로 달에 찰싹 달라붙었다. 그래서 지금도 개구리가 달에 붙어 있는 것이다.[5]

달과 개구리의 조합은 중국 신화에도 등장한다. 남편이 지닌 불사의 약을 훔쳐 달아난 '창어(嫦娥)'라는 여성이 결국 두꺼비가 되어 달에 붙어산다는 이야기다. 개구리는 겨울 잠을 자면서 삶과 죽음을 반복하기에 꽉 차올랐다가 기울어지기를 반복하며 생과 사를 오가는 달과 잘 어울렸던 모양이다. 아니면 달의 울퉁불퉁한 모양이 두꺼비 등처럼 보여서인지도 모르겠다. 신화 속 '창어'는 중국의 달 탐사선 이름이기도 하다. 재미있게도 창어 5호는 2020년 12월, 달에 착륙한 뒤 지구에 귀환하여 화제에 올랐다.

「진격의 거인」에 나오는
이 세상의 근원

북유럽 신화 '에다'의 세계 ①

이사야마 하지메(諫山創)의 「진격의 거인」은 2009년부터 2021년 4월까지 《별책 소년 매거진》에서 연재했던 다크 판타지물의 만화다. 나도 재미있게 봤는데 특히 '유미르 (Ymir)'가 나와서 흥미로웠다. 유미르는 북유럽 신화에 등장하는 태초의 거인이다. 「진격의 거인」에 유미르가 나왔으니 당연히 신화에서 빌려온 인물임이 틀림없다. 유미르는 10세기경 아이슬란드에서 편찬된 북유럽 신화집 『에다 (Edda)』에 등장한다.

　태초에 거인 유미르가 있었다. 그는 암소 아우둠라의 젖을 먹고 자랐다. 아우둠라는 소금기 있는 얼음 덩어리를 먹고 살았는데 처음 얼음을 핥았을 때 안에서 인간의 머리카락이 나왔다. 그리고 둘째 날에는 얼굴이, 셋째 날에는 온몸이 나타났다. 이 남자의 이름은 부리였다. 거대한 몸집을 가진 부리는 아름다운 외모를 지녔고 힘이 매우 셌다. 부리는 아들 보르를 낳았고, 보르는 유미르의 자손 중 하나인 거인의 딸과 결혼하여 세 아들을 낳았다. 그들의 이름은 오딘, 빌리, 베였다. 훗날 오딘은 하늘과 땅의 지배자가 된다. 오딘은 동생들과 함께 유미르를 살해하고 그의 사체로 세상을 만들었다. 유미르의 살로 대지를 만들고, 피로 바다를, 뼈로 바위를, 머리카락으로 나무를, 두개골로 하늘을 만들었다. 그리고 유미르의 눈썹은 인간들이 사는 세계인 미드가르드가, 그의 뇌는 구름이 되었다.[6]

메소포타미아에도 비슷한 이야기가 있다. 여기서는 거인이라기보다 거대한 괴물이자 태초의 여신인 티아마트(Tiamat)가 살해당한다.

태초에는 민물의 남신 압수와 바닷물의 여신 티아마트만 있었다. 둘은 서로의 물을 섞어서 여러 신을 낳았다. 하지

만 압수는 시끄럽게 떠드는 신들이 못마땅했다. 티아마트
는 자식들을 감쌌지만 압수는 아이들을 없애버리자고 했
다. 그러자 영리했던 신 에아가 주문으로 압수를 잠들게 한
다음 살해했다. 이후 에아는 마르두크를 낳았다.

사랑하는 남편을 잃은 티아마트는 여러 신들을 자신의 편
으로 삼고 열한 명의 괴물을 만들어 복수를 준비했다. 그리
고 아들 중 한 명인 킨구에게 '운명의 서판'을 전달하고 절
대적인 권한을 부여해서 전투의 지휘를 맡겼다.

티아마트의 행동에 두려워진 신들은 마르두크를 찾아가
티아마트와 싸워달라고 부탁했다. 이에 마르두크는 싸움에
서 이기면 자신을 신들의 왕으로 섬길 것을 요구했다. 무장
한 마르두크는 바람을 이용해 티아마트를 공격했다. 티아
마트의 몸에 바람을 불어 넣어 부풀린 다음 화살을 쏴서 터
뜨렸다. 열한 명의 괴물도 사슬로 꽁꽁 묶어버렸고 킨구가
갖고 있던 '운명의 서판'도 빼앗았다.

마르두크는 티아마트의 사체를 반으로 갈라 하나는 하늘
로, 다른 하나는 땅으로 만들었다. 그리고 신들의 역할과
천체의 운행 등을 제정하고 킨구의 피로 인간을 창조하여
신을 떠받들도록 했다.[7]

거인의 사체로 세상을 만든다는 이야기는 중국에도 있다. 반고(盤古)라는 거인이 죽어서 세상이 만들어진다는 내용이다.

> 이 세상이 시작될 때 반고가 태어났다. 반고가 죽자 그의 몸은 여러 가지로 변했다. 그의 숨은 바람과 구름이 되고, 목소리는 천둥이 되고, 왼쪽 눈은 해가, 오른쪽 눈은 달이 되었다. 손발과 몸통은 동서남북 네 방향과 다섯 개의 산으로, 피는 강으로, 힘줄과 핏줄은 산, 구릉, 연못, 골짜기와 같은 대지의 굴곡으로, 살은 농지로, 머리카락과 수염은 수많은 별로, 피부의 털은 풀과 나무로, 이빨과 뼈는 쇠붙이와 바위로 변했다. 가장 훌륭한 부분은 보석이, 땀은 비가 되었고 몸에 있던 벌레들은 들판에 사는 사람이 되었다.[8]

세 이야기 모두 태초의 거인 혹은 거대한 괴물이 살해되거나 죽은 후 그 사체에서 세계가 탄생했다는 '세계 거인형 신화'에 속한다. 그러니까 이 세상은 죽은 몸에서 시작했고 우리는 그 안에서 살고 있다는 것이다. 어쩐지 으스스한 기분이 든다.

숲과 나무가
신성하게 여겨지는 이유

북유럽 신화 '이그드라실'

지난 주말 드라이브도 할 겸 야마나시현에 있는 신사에 다녀왔다. 그곳에는 삼나무가 일곱 그루 있었는데 커다란 나뭇가지들이 만들어내는 초록빛의 물결이 장관을 이뤘다. 신사를 지키고 있는 이 나무들에게서 신성함이 느껴졌다. 나를 포함한 대부분의 일본인에게 이와 같은 신목(神木)은 익숙한 존재다.

북유럽 신화에도 세계를 가로지르는 거대한 나무 하나가 등장한다. 세계를 가로지르는 '이그드라실(Yggdrasil)'이다. 13세기 전반 북유럽 신화를 기록했던 시인 스노리 스툴루손(Snorri Sturluson)은 하늘을 떠받치고 있는 '세계수(世界樹)'에 대해 이렇게 말했다.

그 물푸레나무는 세상의 모든 나무 중 가장 크고 훌륭하다. 전 세계로 뻗은 나뭇가지는 하늘 위까지 솟아 있다. 나무를 받치는 세 뿌리는 따로 떨어져 있는데 첫 번째 뿌리는 신들이 사는 세계인 아스가르드에 있다. 두 번째 뿌리는 서리 거인들이 사는 곳에 있다. 그곳은 태초에 아무것도 없었던 심연의 구덩이 긴눙가가프가 있던 곳이다. 세 번째 뿌리는 얼음의 땅 니플헤임에 있다. 이 뿌리 밑에는 생명의 샘물 흐베르겔미르가 있지만 독을 가진 용 니드호그가 뿌리를 갉아 먹고 있다. 반면 서리 거인들이 사는 곳에 있는 두 번째 뿌리 밑에는 기억의 샘물 미미르가 있어서 지혜와 영리함이 숨겨져 있다. (중략) 천상으로 이어진 첫 번째 뿌리 밑에는 신성한 우르드의 샘물이 있다.[9]

또한 10세기경 기록된 북유럽 신화집 『고(古) 에다』에는 이그드라실에 대해 이렇게 적혀 있다.

물푸레나무 이그드라실은 사람들이 아는 것보다 훨씬 큰 고통에 시달린다. 위는 수사슴이 먹고 줄기는 썩어가고 아

래는 니드호그가 갉아 먹는다.[10]

이그드라실은 동떨어진 세계로 뿌리를 내릴 만큼 거대한 나무지만 잎사귀는 사슴에게, 뿌리는 용에게 갉아 먹히며 고통받는다. 그래서 우르드의 샘물 근처에 사는 여신 노른들이 매일 같이 샘물과 주변의 진흙을 퍼 담아 나무 위에 뿌려서 줄기가 마르거나 썩지 않도록 돌봐준다. 세계를 가로지르는, 혹은 세계 그 자체이기도 한 거목도 고통을 피할 수는 없는가 보다. 이는 세계 자체가 항상 위험에 처해있다고 보는 생각의 표현이기도 하다.

실제로 북유럽 신화에서는 세계의 종말을 뜻하는 '라그나로크(Ragnarok)'를 언급한다. 이 시기에는 신들과 거인이 마지막 전쟁을 벌이고 양쪽 모두가 인류와 함께 멸종한다. 그리고 대지는 모두 바다로 뒤덮인다. 이토록 절박한 세계관 속에서 고통받는 거목의 신화가 나온 것이다. 세계수에 대해 좀 더 생각해 보자. 인도 신화에는 '잠부(Jambul)'라는 세계수가 있다. 인도의 『푸라나 사전(Purana encyclopaedia)』에서는 이 나무를 다음과 같이 설명한다.

마하메루산 남쪽 산허리에 잠부나무가 있다. 이 나무는 계절과 상관없이 일 년 내내 열매와 꽃을 맺는다. 나무에 물을 주는 이는 반신족(半神族)들이다. 나무가 서 있는 장소는 '잠부디빠'로 가지는 천상계 끝까지 닿아 있다. 코끼리만큼 커다란 열매가 익어서 땅에 떨어지면 안에서 흘러나오는 즙이 거대한 강이 되어 흐르는데 이것이 '잠부강'이다. 이 강은 '이라브리따'라고 불리는 나라의 남쪽에 흐른다.

잠부강 근처에 사는 여신의 이름은 '잠부바디니'다. 그녀는 잠부나무의 열매를 각별히 사랑한다. 이 세상의 모든 것을 사랑하는 그녀는 신들, 뱀족인 나가, 은둔자, 고행자, 라크샤사(인도 신화에서 사람을 잡아먹는다는 가공의 종족-옮긴이), 그리고 세계의 모든 이에게 숭배받는다. 그녀를 기쁘게 하려면 아주 잠시 그녀를 떠올리면 된다. 그녀는 사람들의 죄를 씻어주고 덕을 키워준다. 모든 병을 치료하고 건강과 장수, 부와 번영, 행복을 준다. 잠부 열매의 즙이 땅에 흘러들어 가면 물과 공기, 태양 빛과 섞이면서 '잠부나다'라는 금으로 바뀐다. 신들과 반신족 '비드야다라'는 이 금으로 아내의 장신구를 만든다. 이 금은 매우 특별하다.[11]

인도의 세계수는 북유럽의 이그드라실과 달리 고통 없는 안락한 곳에서 건강하게 자란다. 어둡고 절박한 세계관이 깔린 이그드라실과 대조적이다. 하지만 둘 다 샘물이나 강의 근원인 점은 비슷하다.

태초에 하늘과 땅은 하나였다

뉴질랜드 신화 '랑기와 파파'

인간에게 하늘과 땅은 서로 아득히 떨어져서 도저히 만날 수 없는 곳이다. 하지만 신화에서는 먼 옛날 하늘과 땅은 하나였다. 뉴질랜드 마오리족 사이에서 전해지는 이야기를 살펴보자.

태초에는 아무것도 없었다. 모든 것은 완벽한 '무(無)'에서 시작했다. 다음은 밤이었다. 깜깜한 밤은 헤아릴 수 없을 만큼 넓고 길게 이어졌다. 그곳에 빛이 나타났다. 벌레가 내뿜는 희미한 불빛이었다. 시간이 흐르자 커다란 하늘이 생겼다. 하늘의 신 랑기(Rangi)다. 랑기는 해와 달을 만든 후 대지의 여신 파파(Papa)와 함께 아이를 낳았다. 당시 하늘에는 10개의 층이 있었다. 그중 가장 아래에 있던 층이 대지 위에 깔려서 땅은 아무런 쓸모가 없었다.

랑기와 파파의 자식으로 태어난 신들은 매일 같이 계속되는 어둠에 지쳐 인간을 만들고 싶었다. 모두 모여 부모님을 어떻게 하면 좋을지 상의한 끝에 신들은 랑기와 파파를 떨어뜨려 놓기로 합의했다. 숲의 신 타네 마후타가 어깨와 양손을 땅에 붙인 채 발바닥을 하늘에 대고 있는 힘껏 밀어 올렸다. 고통에 신음하던 하늘은 조금씩 땅과 떨어졌다. 하늘과 땅 사이에 커다란 공간이 생기자 밝은 빛이 쏟아져 들어왔다. 랑기와 파파는 괴로움에 몸서리쳤다.

"왜 이런 일을 벌이는 거지? 우리의 사랑을 짓밟다니."

그리하여 랑기와 파파는 지금도 서로를 그리워하며 랑기의 눈물이 아침 이슬로, 파파의 한숨이 안개로 나타난다고 한다.[12]

하늘과 땅을 갈라놓은 자는 왜 숲의 신이었을까? 이는 앞서 설명한 '세계수'와 관련 있다. 숲의 신 타네 자신이 곧 천지를 잇는 세계수로서 하늘과 땅을 벌려놓은 것이다. 하늘과 땅이 서로 떨어지는 이야기는 신화에 자주 등장한다.

일례로 이집트에는 부부였던 대지의 남신 게브와 하늘의 여신 누트가 서로를 끌어안고 있는데 아버지이자 대기의 신인 슈가 둘을 갈라놓았다는 이야기가 있다. 하늘과 땅의 성별은 반대지만 이야기의 흐름은 랑기와 파파가 나오는 뉴질랜드 신화와 거의 비슷하다. 세계가 존재하려면 반드시 하늘과 땅이 떨어져 있어야 한다. 제아무리 서로를 끔찍이 사랑하는 부부라도 말이다.

오래된 이야기는 힘이 세다

II

すごい神話

신화는 단순히 옛이야기에서 그치지 않는다. 지금 이 순간에도 신화는 여러 작품 속에서 변화하며 발전하고 있다. 신화는 언제나 현재를 살아가며, 우리는 여전히 신화 속을 살아간다.

인구가 무한으로 늘면 어떻게 될까

인도네시아의 홍수 신화

요즘 우리는 저출생 고령화 현상으로 여러 가지 문제를 안고 있지만 신화에서는 인구에 대해 전혀 다른 시각을 갖고 있다. 인도네시아 슬라웨시섬에서는 다음과 같은 이야기가 전해진다.

태초에 인류는 외딴섬에 떨어진 남녀 한 쌍에서 시작됐다. 남자는 필요한 것이 있으면 하늘로 올라가 신에게 받아왔다. 이윽고 땅에서 농사를 시작하자 하늘과 땅의 인연은 끊겼다. 이때만 해도 신은 인간에게 죽음을 주지 않았다. 인간은 나이를 먹으면 탈피해서 젊어질 수 있었다. 하지만 이

때문에 지상에는 인간이 넘쳐나 매일 같이 다툼이 벌어졌
다. 결국 거대한 홍수가 일어나면서 인류는 멸망하고 다시
한 쌍의 남녀만 남았다. 남녀가 타고 있던 배는 물과 함께
하늘로 올라가 신이 있는 곳까지 갔다. 신은 두 사람에게
새우를 주었지만 먹지 않았고 바나나를 받아먹었다. 만약
그때 새우를 먹었다면 인간은 탈피를 계속하며 영원히 살
수 있었을 것이다.[1]

이 이야기는 인간이 탈피를 하지 못해서 죽음이 시작
됐다는 내용으로 보아 '죽음의 기원에 관한 탈피형 신화'에
해당한다. 반면 새우를 거부하고 바나나를 선택했다는 점
에 주목하면 '바나나형 신화'이기도 하다. 죽음의 기원에 관
한 두 종류의 신화가 섞여서 구조가 조금 복잡하다. 앞의
슬라웨시섬 이야기에서는 인간이 죽지 않아서 인구가 무
한히 늘어나며 문제가 발생한다. 인도에도 이와 비슷한 신
화가 있다. 죽음이 없어서 생물체가 늘어나고 세계의 질서
가 무너지자 창조의 신 브라마(Brahma)가 어쩔 수 없이 죽음
의 여신을 만든다는 내용이다.

브라마가 만들어낸 수많은 생물이 죽지 않고 계속해서 늘

어나자 대지의 여신은 괴로웠다. 곤란해진 브라마는 파괴의 신 시바의 조언에 따라 죽음의 여신 므르튜를 창조하여 생물을 죽이도록 명령했다. 므르튜는 이 명령에 저항하여 오랜 시간 동안 고행을 거듭하다 결국 브라마의 세 번째 명령에 굴복했다. 그녀는 인간의 명이 다하는 시기에 욕망과 분노를 보내 그들을 죽였다. 한편 그녀가 살인을 거부하다 흘린 눈물은 병이 되어 인간을 고통스럽게 만들었다.[2]

현실에서도 인구 과잉이 세계적인 문제였던 시기가 있었다. 저출생으로 인구 수가 줄어도 문제지만 반대로 계속 늘기만 해도 인류의 생존을 위협한다.

노아의 방주와
「날씨의 아이」의 원작은 같다

길가메시 서사시

세계에는 다양한 홍수 신화가 존재하는데 메소포타미아에
서 그리스, 인도에 걸쳐 분포한 홍수 신화는 모두 메소포타
미아의 『길가메시 서사시(Gilgamesh Epoth)』가 기원이다. 그
이야기를 살펴보자.

신들은 폭풍의 신 엔릴의 제안에 따라 거대한 홍수를 일으
켜 지나치게 늘어난 인간을 없애기로 했다. 그때 지혜의 신
에아는 어질고 총명했던 우트나피쉬팀에게 배를 만들어
홍수를 피하도록 몰래 알려주었다. 우트나피쉬팀은 거대한
상자 모양의 배를 만들고 살아 있는 모든 동물을 암수 한

쌍씩 태웠다. 그리고 자신도 가족과 함께 배에 올라탄 뒤 입구를 단단히 막았다.

다음 날부터 6일 낮과 6일 밤 동안 거대한 홍수가 대지를 집어삼켰다. 방주가 니시르산에 닿자 우트나피쉬팀은 비둘기를 날려 보냈다. 하지만 지상 어디에도 앉아 있을 곳이 없자 다시 배로 돌아왔다. 한참 뒤 이번에는 제비를 보냈지만 마찬가지였다. 또 한참 뒤 까마귀를 놓아주자 멀리 날아가더니 물이 빠진 땅에서 먹이를 발견하고는 돌아오지 않았다. 홍수가 잠잠해졌음을 안 우트나피쉬팀은 동물을 모두 놓아주고 가족과 함께 방주에서 나와 향을 피워 신께 감사의 제를 올렸다.[3]

이 『길가메시 서사시』의 홍수 신화는 『구약성서』의 창세기에 나오는 '노아의 홍수'에 영향을 주었다.

주님은 지상에 미움이 넘치고 사람들이 마음속으로 항상 악한 일을 계획하는 모습을 보고 인간을 만든 일을 후회하고 마음 아파하셨다.

"내가 인간을 창조했지만 이제는 그들을 지상에서 없애야 겠다."

다만 노아는 주님의 은총을 받았다. 주님은 노아에게 말했다.

"너는 나무로 방주를 만들어 아내와 아들, 며느리들과 함께 배에 들어가라. 또한 생명을 가진 모든 것, 피와 살이 있는 모든 것을 암수 한 쌍씩 태워 너와 함께 살아남도록 도와라. 먹을 수 있는 것은 모두 모아서 너와 그들의 식량으로 써라."

이윽고 홍수가 일어났다. 땅이 전부 갈라지며 심연의 물이 솟아오르고 거대한 하늘의 문이 열렸다. 비는 40일 동안 퍼부었고 그 비로 생긴 물은 150일 동안 땅 위를 맹렬한 기세로 덮쳤다. 아라랏산에 방주가 머무르자 노아는 문을 열어 까마귀를 내보냈다. 하지만 까마귀는 물 위를 오갈 뿐이었다. 다음에는 비둘기를 놓아주었지만 앉아 있을 곳이 없자 배로 돌아왔다. 노아는 한참을 더 기다렸다가 다시 비둘기를 내보냈다. 그러자 비둘기는 올리브 나무의 가지를 물고 왔다. 노아는 7일을 더 기다려 비둘기를 내보냈더니 이번에는 돌아오지 않았다. 그제야 노아는 방주에서 나와 제단을 만들고 가장 깨끗한 짐승과 새를 골라 번제(燔祭, 짐승을 통째로 태워 제물로 바치는 제사)를 드렸다. 주님은 노아와 그 가족에게 앞으로는 거대한 홍수가 세상을 뒤덮는 일은 없

을 거라 하시며 증표로 무지개를 띄우셨다.⁴

　신이 인간을 멸하려고 대홍수를 일으켜서 세상을 망하게 하고 여기서 살아남은 한 가족에서 인류가 다시 탄생한다는 기본 골격이 앞서 소개한 『길가메시 서사시』와 똑같다. 그뿐 아니라 홍수가 잠잠해졌는지 확인하기 위해 까마귀나 비둘기를 이용한다는 세부 내용도 비슷하다. 이것이 과연 우연의 일치일까? 성립 연도를 따져보면 『구약성서』가 『길가메시 서사시』에 영향을 받았다고 보는 편이 맞다. 그리스의 홍수 신화도 이와 같은 계열로 메소포타미아 신화의 영향을 받았다. 잠시 살펴보자.

　　프로메테우스의 아들 데우칼리온은 에피메테우스와 판도라 사이에서 태어난 딸 피라와 결혼했다. 당시 최고 신이었던 제우스는 사악한 인류를 없애기 위해 거대한 비를 뿌려 지상에 대홍수를 일으켰다. 하지만 올바른 길을 걸었던 데우칼리온과 피라는 프로메테우스가 가르쳐준 대로 방주를 만들어 홍수를 피했다. 지상에 물이 걷히자 두 사람은 신의 계시에 따라 돌을 주워서 어깨너머로 던졌다. 데우칼리온이 던진 돌은 남자로, 피라가 던진 돌은 여자로 변했다.⁵

그리스의 홍수 신화도 신이 홍수로 인류를 멸하고 선택받은 한 쌍의 남녀만 살아남아 아이를 만들고 인류의 조상이 되었다는 점에서 『길가메시 서사시』와 닮았다. 그리스 신화는 메소포타미아에서도 영향을 받았으므로 이 홍수 신화도 『길가메시 서사시』에서 기원했음을 알 수 있다. 그리스와 다소 떨어져 있는 인도에도 홍수 신화가 전해진다.

인류의 조상 중에 마누라는 사람이 있었다. 어느 날 마누가 강가에서 손을 씻는데 물고기 한 마리가 그의 손으로 들어왔다. 물고기는 자신을 키워달라고 부탁하며 대신 나중에 홍수가 일어났을 때 그를 구해주겠다고 약속했다. 마누가 물고기를 키우기로 하자 물고기는 말했다.

"이러이러한 날 홍수가 일어날 거예요. 그러니 그 전에 배를 만들어 두세요. 홍수가 일어나면 제 옆을 떠나지 말고 꼭 붙어 있으세요. 제가 당신을 구해드릴게요."

마누는 정성껏 물고기를 돌봐주다가 다 자라자 바다에 풀어주었다. 이윽고 물고기가 말한 날부터 비가 내리기 시작하더니 홍수가 일어났다. 마누는 미리 만들어 둔 배에 올라탄 뒤 물고기가 나타나자 그가 말하는 대로 배에 달린 밧줄을 물고기의 뿔에 묶었다. 곧바로 물고기는 북쪽에 있는 히

말라야산으로 향했다. 물고기가 말했다.

"약속대로 당신을 구해주었어요. 이제 물이 서서히 빠지면 천천히 산에서 내려오세요."

마누는 물고기의 말을 따랐다. 홍수가 모든 생물의 목숨을 빼앗자 세상에는 오직 마누만 남았다. 마누는 신께 아이를 갖고 싶다고 빌었다. 그는 신들을 기리며 고행을 거듭하다가 어느 날 제사를 올리면서 물에 버터 오일인 그리타 등을 바쳤다.

일 년이 지나자 그리타에서 여자아이 한 명이 태어났다. 아이를 본 미트라 신과 바루나 신은 소녀에게 청혼했지만 소녀는 이를 거절하고 마누에게 가서 자기가 당신의 딸이라고 말했다. 마누는 소녀와 함께 살면서 신들에게 올리는 찬가를 부르고 고행을 게을리하지 않았다. 이렇게 마누는 소녀를 통해 자손인 인류를 번영시켰다.[6]

정확하게 명시되지는 않지만 인도의 홍수 신화에서 마누와 그의 딸은 근친혼으로 인류를 낳은 셈이다. 이 신화도 『길가메시 서사시』와 같은 계통이다. 메소포타미아와 인도는 옛날부터 교역이 활발했으니 그 과정에서 신화도 넘어온 것으로 보인다. 『길가메시 서사시』를 기원으로 하는 홍수 신화와는 별개로, 동아시아와 동남아시아에도 홍수 신화가 존재한다. 여기서는 홍수에서 살아남은 남매가 어쩔 수 없이 결혼해서 아이를 갖는다. 다음은 중국 먀오족에서 전해 내려오는 이야기다.

먼 옛날 번개 신이 난폭하게 굴자 한 남자가 그를 쇠스랑으로 붙잡아 철로 된 우리에 가두었다. 하루는 남자가 잠시 집을 비우면서 아들과 딸에게 번개 신을 지켜보도록 했다. 그리고 절대로 그에게 물을 주지 말라고 당부했다. 남매는 고통스럽게 신음하며 물을 찾는 번개 신을 애써 외면하다가 결국 그를 불쌍히 여겨 한 방울의 물을 입에 넣어주었다. 그러자 번개 신은 우리를 부수고 하늘로 올라갔다. 남매에게는 자신의 이빨을 뽑아주면서 무슨 일이 생기면 이빨을 땅에 심으라는 말을 남겼다.

밖에서 돌아온 남자는 자식들의 말을 듣고 매우 놀라 서둘러 배를 만들었다. 그리고 남매는 번개 신의 이빨을 땅에 심었는데 순식간에 자라서는 커다란 박이 열렸다. 얼마 지나지 않아 엄청난 양의 비가 내리면서 대홍수가 일어났다. 배에 탔던 아빠를 포함한 인간들은 결국 모두 죽고 오직 박에 들어가 있던 남매만 살아남았다. 이후 둘은 결혼해서 고

깃덩어리 하나를 낳는데 이를 작게 잘라 뿌리자 인간으로 변했다.[7]

대홍수에서 살아남은 남매는 어쩔 수 없이 결혼해서 인류를 존속시키려 하지만 그들에게서 태어난 것은 다름 아닌 고깃덩어리였다. 하지만 이를 잘라 뿌리니 인간으로 변해 인류는 다시 번영한다. 홍수가 일어나고 근친혼을 한다는 점에서 앞서 설명한 인도 신화와 공통하는 부분이 있다. 메소포타미아 계통이든 아니든 모든 홍수 신화는 세계를 일단 처음 상태로 되돌린 다음 새로운 세상을 만든다. 낡은 세상은 대부분 신의 노여움을 사고 홍수가 일어나 멸망하지만, 한 명 혹은 한 쌍의 사람이 살아남아 다시 새로운 세계가 시작한다.

현대 작품에도 홍수에 관한 이야기가 있다. 신카이 마코토(新海誠) 감독의 애니메이션 「날씨의 아이」다. 2019년에 개봉한 이 영화는 일본에서 2020년 1월 흥행 수입이 140억 6천만 엔을 넘으며 국내외 만화를 통틀어 1위를 차지할 정도로 큰 인기를 끌었다. 홍수 신화와 「날씨의 아이」를 비교해보면 영화에 숨겨진 의미를 더 깊이 이해할 수 있다.

영화의 줄거리는 이렇다. 관동지방에 연일 비가 내린

다. 날씨의 무녀 '히나'라는 소녀가 지상에 있기 때문이다. 그녀는 간절히 기도하면 특정 장소에 잠시 동안 비를 그치게 할 수 있는 능력을 가졌지만 대신 그녀의 존재로 인해 지상에는 계속 비가 내린다. 결국 그녀는 하늘로 올라가고 관동지방에는 맑은 여름 날씨가 찾아온다. 히나가 제물로 바쳐진 덕에 날씨가 정상적으로 돌아온 것이다.

하지만 히나를 좋아하는 소년 호다카가 히나를 쫓아서 하늘로 올라가 그녀를 다시 지상으로 데려온다. 이로 인해 지상에는 다시 매일 같이 비가 쏟아진다. 3년 후, 도쿄는 서서히 물에 잠겨서 저지대에는 더 이상 사람이 살 수 없게 된다. 사람들은 이러한 기후 변화를 받아들이며 적응한 채 살아간다. 영화는 "우리가 세상을 바꿨다."라는 호다카의 내레이션으로 끝을 맺는다.

「날씨의 아이」는 홍수 신화와 정반대로 흘러간다. 신화에서는 홍수가 끝나고 질서를 되찾은 새로운 세상이 열린다. 우리가 알고 있는 지금 이 세상이다. 질서의 구축 혹은 재구축을 이야기하는 것이 신화의 중요한 역할 중 하나이기 때문이다. 그런데 「날씨의 아이」에서는 이야기의 끝부분에 물에 잠긴 세상이 나타난다. 이는 우리가 지금껏 본 적 없는 새로운 세계다. 그곳에 질서는 없다. 비가 그치지 않는 세상은 아무리 긍정적으로 해석하려 해도 질서와는 거리가 멀다. 「날씨의 아이」는 홍수 신화를 정반대로 뒤집어쓴 이야기다. 이를 도식화하면 더 쉽게 이해할 수 있다.

◦ 홍수 신화　　맑음 → 홍수 → 맑음
◦ 날씨의 아이　　비 → 하늘 → 비(홍수)

　「날씨의 아이」가 기존 신화의 구조를 뒤집은 예는 또 있다. 이를 설명하려면 먼저 세계적으로 퍼져 있는 '천인각시(天人女房)'라는 신화를 살펴봐야 한다. 이 신화는 나라마다 다른 이름으로 부르는데 중국에서는 '곡녀전설(鵠女傳說)'로, 한국에서는 '선녀와 나무꾼'으로, 서양에서는 '백조 처녀 설화(Swan Maiden tales)'라는 이름으로 전승되었다.

　하늘에서 내려온 선녀가 목욕을 하는데 이를 본 어부가 선녀의 옷과 날개를 숨긴다. 하는 수 없이 어부와 결혼한 선녀는 세월이 흘러 아이를 낳고 기르면서 만족하며 사는 듯 보이지만 어느 날 숨겨져 있는 옷과 날개를 발견하고는 하늘로 올라가버린다. 결말은 나라마다 조금씩 달라서 남편과 아이들을 함께 데리고 올라간다고도 하고 서로 헤어진다는 얘기도 있다.

「날씨의 아이」의 히나는 날씨의 무녀라는 점에서 선녀와 비슷한 존재다. 히나는 처음에 지상에 있다가 나중에 하늘로 올라간다. 하지만 호다카의 도움으로 다시 지상에 내려온다. 이를 도식화해보자.

　∘ 선녀　하늘 → 땅 → 하늘
　∘ 히나　땅 → 하늘 → 땅

이를 보면 알 수 있듯이 「날씨의 아이」의 구조는 신화와 정반대다. 게다가 비가 그치지 않고 계속 내리는 무질서한 세상을 그리며 끝맺는 방식은 신화에서는 결코 찾아볼 수 없는 이야기 구조다.

살기 위해 죽어야 하는 인간

인도 신화 '대지의 짐'

앞에서 소개했듯이 홍수 신화에서는 인류의 수가 지나치게 늘자 신이 홍수를 일으켜 세상을 뒤엎는다. 하지만 이와 다르게 전쟁으로 인류를 멸하는 이야기도 있다. 고대 인도의 대서사시 『마하바라타』의 주제 대전쟁에 관한 이야기다.

네 개로 나뉘는 우주의 시간 중 첫 번째 시기인 크리타 유가 시대에는 넘쳐나는 생물로 대지에 빈 곳이 하나도 없었다. 그즈음 신들과의 싸움에서 진 악마 '아수라'들은 하늘에서 밀려 지상으로 내려와 동물이나 인간으로 다시 태어났다. 어떤 아수라는 인간의 왕으로 태어나기도 했다. 거

万한 아수라들은 브라만, 크샤트리아, 바이샤, 수드라 등을 괴롭히고 협박하며 마구 죽였다. 대지 이곳저곳을 돌아다니며 수도 없이 많은 악행을 저질렀다. 부정하고 잔인하고 교만하며 광기와 권력에 취한 이들은 은둔처에서 수행하며 지내는 위대한 성선(聖仙)들에게도 피해를 줬다.

힘을 과시하며 날뛰는 아수라 때문에 대지의 여신은 고통스러웠다. 바람과 뱀과 산은 이미 아수라에게 제압당해 대지를 지켜줄 수 없었다. 공포와 괴로움으로 고민을 거듭하던 대지는 세상 모든 생물체의 아버지인 브라마 신에게 도움을 요청했다. 창조주 브라마는 이미 그녀의 고민을 알고 있었다. 브라마는 대지의 여신에게 고민을 해결해주겠다고 약속하고 그녀를 돌려보냈다. 그리고 모든 신과 간다르바, 아프사라스(간다르바는 별자리를 관장하는 신이고, 아프사라스는 서양의 님프 같은 요정을 말한다-옮긴이)에게 이렇게 명령했다.

"대지의 짐을 덜어주기 위함이니 모두 자신의 분신을 만들어 지상으로 내려보내라."

인드라를 시작으로 모든 신은 자신의 분신을 대지로 보냈다. 이렇게 해서 땅에서는 '크루크세트라 대전쟁'이 일어났고 많은 전사가 목숨을 잃었다.[8]

이처럼 『마하바라타』에서는 대지의 짐을 덜어주기 위해 전쟁이 일어났다고 설명한다. 전쟁을 벌여서 인구를 조절한다는 이야기는 그리스 신화에도 있다. 유명한 트로이 전쟁이 시작된 계기에 관한 이야기다.

인간의 수가 지나치게 늘자 무게를 견디기 힘들었던 대지의 여신은 제우스에게 애원했다. 제우스는 그녀를 불쌍히 여겨 우선 테바이에 전쟁을 일으켜 많은 사람을 죽였다. 그 다음 바다의 여신 테티스와 인간인 펠레우스를 결혼시켜 영웅 아킬레스를 만들고 자신은 스파르타의 왕비 레다와 동침하여 절세 미녀 헬레나를 낳았다. 그리고 이 둘을 중심으로 트로이 전쟁을 계획하여 더 많은 인간을 죽여서 대지의 부담을 줄여주었다.[9]

대지의 짐, 즉 지나치게 수가 늘어난 인류는 전쟁으로도 멸망했다. 인구 수를 조절하는 것이 인류에게 이토록 중요한 문제인 이유는 무엇일까.

감자 재배가 의외로 잔인한 이유

하이누웰레형 신화

인류가 인구 과잉을 두려워하는 근본적인 이유는 식량 부족과 굶주림 때문이다. 일본도 역사상 여러 번 대기근에 시달렸는데 특히 에도 시대에 '교호 대기근'(1732~1733년에 서일본을 중심으로 발생한 대기근. 악천후로 인해 농작물이 큰 피해를 보면서 수십만 명의 사람이 굶어 죽었다-옮긴이)을 겪은 후에는 기아 대책 중 하나로 고구마 재배를 장려하기도 했다.

　고구마나 감자는 재배 방법이 조금 특이하다. 씨앗이 따로 없고 그 자체를 작게 잘라서 땅에 심으면 각각의 조각에서 싹이 나와 자란다. 감자 재배를 소재로 하면 어떤 신화가 탄생할 수 있을까? 인도네시아 세람섬 웨말레족 사이에서 전해지는 이야기를 살펴보자.

아메타는 야자나무 열매에서 태어난 하이누웰레(Hainuwele)를 보고 집으로 데려와 정성껏 돌보았다. 하이누웰레는 눈 깜짝할 사이에 크더니 3일 만에 어엿한 숙녀로 자랐다. 그녀는 보통 사람과 달라서 변을 보면 값비싼 그릇이나 징 같은 보물이 나왔다. 양아버지 아메타는 금세 부자가 되었다. 어느 날 마을에서 9일 동안 이어지는 마로 춤 축제가 열렸다. 하이누웰레는 축제에서 마을 사람에게 매일 고가의 장신구, 그릇, 징 등을 나누어주었다. 하지만 이를 이상하게 여긴 마을 사람은 그녀를 질투하기 시작했고 9일째 되는 날 밤 그녀를 무도장 밑에 묻어 죽였다. 아메타는 점쟁이에게 부탁해서 하이누웰레의 시체를 찾아내고는 이를 작게 잘라 곳곳에 묻었다. 그러자 시체가 묻힌 자리에서 이제껏 본 적 없는 다양한 식용 작물이 자라났고, 특히 주식으로 쓰이는 감자가 나왔다.

지상을 지배하던 여신 물루아 사테네는 하이누웰레를 죽인 이들에게 저주를 내리고 인간에게 죽음을 맞이해야 하는 운명을 부여했다. 별전에 따르면 이때 하이누웰레의 부모는 이렇게 말했다고 한다.

"너희가 그녀를 죽였으니 이제 너희는 매일 그녀를 먹어야
한다."

즉 인간들은 이 사건 이후로 하이누웰레의 사체에서 생긴
감자를 먹음으로써 그녀의 시신을 매일 먹고 있는 셈이다.[10]

하이누웰레가 살해당하고 그 사체에서 처음으로 감자
가 자랐다. 게다가 사체는 조각조각 잘려서 곳곳에 묻혔으
니 더할 나위 없이 피비린내 나는 잔혹한 신화라고 여길지
모르겠다. 하지만 이 신화는 감자의 재배 방법을 염두에 두
고 읽어야 한다. 앞에서 설명했듯이 감자는 그 자체를 작
게 잘라서 땅속에 심어 키운다. 즉 하이누웰레는 감자를 상
징한다. 이 신화는 감자의 재배 방법에 착안하여 만들어진
이야기다. 이러한 신화를 이야기 속 주인공의 이름에 따라
'하이누웰레형 신화'라고 부른다. 하이누웰레형 신화는 일
본 신화 '오호게쓰 히메'나 '우케모치' 이야기와도 비슷하
다. 오호게쓰 히메 이야기부터 살펴보자.

하늘나라에서 쫓겨난 폭풍의 신 스사노오는 오호게쓰 히
메에게 먹을 것을 달라고 한다. 오호게쓰 히메는 코와 입과
엉덩이에서 갖가지 재료를 꺼내 맛있는 요리를 대접한다.

하지만 스사노오는 그 모습을 보고 더러운 음식을 내놓았다며 잔뜩 화가 나서 그녀를 죽인다. 그러자 죽은 오호게쓰히메의 몸에서 온갖 것들이 나왔다. 머리에서는 누에가, 두 눈에서는 볍씨가, 두 귀에서는 좁쌀이, 코에서는 팥이, 음부에서는 보리가, 엉덩이에서는 콩이 나왔다. 가무무스히는 이것을 다섯 가지 곡식의 씨앗으로 썼다.[11]

같은 형식의 농경 기원 신화는 『일본서기(日本書紀)』 제5단 1서 제11에도 나온다.

어느 날 아마테라스의 동생 쓰쿠요미는 음식의 여신 우케모치가 자신을 대접하기 위해 입으로 쌀, 생선, 새와 짐승의 고기를 토해서 요리하려는 모습을 보았다. 쓰쿠요미는 입으로 토한 더러운 음식을 자신에게 먹이려 했다며 크게 분노해 그 자리에서 우케모치를 칼로 베었다. 이를 들은 아마테라스는 쓰쿠요미의 난폭한 행동에 화가 나 두 번 다시 그를 보지 않겠다고 선언했다.

이후 아마테라스는 아마노쿠마히토를 보내 우케모치의 상태를 확인하니 이미 그녀는 죽었지만 그녀의 머리에서 소와 말이 나와 있었다. 또 이마에서는 좁쌀이, 눈썹에서는 누에가, 눈에서는 피(稷)가, 배에서는 벼가, 음부에서는 밀과 콩과 팥이 나왔다. 아마노쿠마히토가 이를 모아 아마테라스에게 갖다 바치니 그는 크게 기뻐하며 조, 피, 콩, 밀을 밭의 작물로 정해 인간이 먹게 하였다. 또 벼는 물이 괴어 있는 논에 심도록 하여 천상에서 처음으로 벼농사를 시작했다. 아마테라스는 또한 누에를 자신의 입에 넣어 실을 뽑아 누에 농사를 창시했다.[12]

오호게쓰 히메와 우케모치, 그리고 하이누웰레의 공통점은 살아 있을 때는 입과 엉덩이에서 먹을 것이나 비싼 물건이 나오고 죽은 후에는 사체에서 유용한 식용 작물이 나온다는 점이다. 다만 중요한 차이점도 있다. 인도네시아 이야기에서는 하이누웰레가 변으로 음식이 아닌 보물을 배출했다는 점이다. 또한 그녀가 죽은 이유도 나머지와는 다르다. 오호게쓰 히메나 우케모치는 자신의 몸에서 먹을 것을 꺼내는 모습이 드러나서 살해당했지만 하이누웰레에는 그런 내용이 없다. 하지만 세람섬에는 이 부분마저 일본 신화와 똑 닮은 또 다른 이야기도 전해진다.

'라이'라는 이름의 할머니가 손자와 함께 살고 있었다. 할머니는 매일 손자에게 맛있는 죽을 끓여주었는데, 하루는 어떻게 죽을 만드는지 궁금해서 손자가 할머니를 몰래 들여다보았다. 그런데 할머니는 놀랍게도 몸에서 떼어낸 때로 죽을 만들고 있었다. 식사 시간이 되자 손자는 말했다.

"할머니가 죽 만드는 모습을 봤어요. 더 이상 먹고 싶지 않아요."

그 말을 들은 라이는 손자를 집 밖으로 내보내며 말했다.

"3일 후에 집으로 돌아오거든 집 밑을 살펴보거라."

할머니의 말대로 3일 후에 돌아오자 라이는 집 밑에서 죽어 있었다. 그리고 사체의 머리에서는 빈랑나무가, 생식기에서는 야자나무가, 몸통에서는 사고야자나무가 자라있었다.[13]

위 이야기로 미루어보아 하이누웰레 신화도 거슬러 올라가면 원래는 보물이 아닌 감자와 같은 식용 작물을 배설했을 것으로 보인다.

화장실 괴담과 신화의 공통점

인도네시아 '달이 된 소녀'

하이누웰레 신화와 비슷한 이야기를 하나 더 소개하겠다.
마찬가지로 웨말레족 사이에서 전해지는 달이 된 소녀 '라
피에'에 관한 이야기다.

인간의 조상은 누누사쿠산 위에 있는 바나나 열매에서 태
어났다. 산에서 내려온 인간은 타메네 시와에서 살았는데
그때는 오직 태양만이 지상을 비출 뿐 달과 별은 없었다.
땅에는 '투와레'라는 남자가 있었다. 태양에서 나온 그는
못생긴 데다 얼굴에 흉측한 뾰루지가 많았다. 어느 날 투와
레는 강가에서 '라피에'라는 소녀를 보고 첫눈에 반해, 그

녀의 뒤를 쫓아 집에 찾아가 부모님께 결혼을 허락해달라고 했다. 하지만 투와레의 못생긴 얼굴을 보고 놀란 라피에의 부모는 마을 사람들과 어떻게 하면 좋을지 상의했다. 마을 사람들은 투와레에게 말도 안 되는 결혼 비용을 요구해서 스스로 포기하게 만들자고 했다.

다음 날 투와레가 찾아오자 라피에의 부모는 결혼 비용으로 5천 점의 재산과 보물을 달라고 했다. 그러자 투와레는 순순히 조건을 받아들이며 3일 후에 오겠다고 약속한 뒤 떠났다. 그러면서 라피에의 부모에게 다이아 세 개와 시리 잎(인도네시아에서는 결혼식 때 신랑 신부가 사악한 기운을 막는다는 의미로 서로에게 시리 잎을 던지는 풍습이 있다-옮긴이)을 담는 작은 상자를 두 개 주었다. 라피에의 부모는 마을 사람들에게 이렇게 된 이상 어쩔 수 없으니 보물을 받고 라피에를 투와레와 결혼시키겠다고 말했다. 하지만 마을 사람들은 포기하지 않았다. 라피에를 마을에서 멀리 떨어진 곳에 숨기고, 돼지를 죽여서 라피에의 옷을 입힌 뒤 멍석에 눕혀 천으로 덮어 두었다.

3일 후 투와레는 약속한 결혼 비용을 가지고 찾아왔지만 멍석 안에 라피에가 아닌 죽은 돼지를 숨겨두었다는 사실을 알고 모든 재물을 돌려받고 떠났다. 마을 사람들은 투와레가 포기했다고 생각하며 라피에를 데려와 크게 기뻐했다. 며칠 후 돌아온 라피에가 볼일을 보려고 마을 밖 나무 뿌리 위에 서자 갑자기 뿌리가 땅속으로 꺼지기 시작했다. 놀란 라피에는 있는 힘껏 발버둥 쳤지만 라피에의 발은 점점 더 깊은 땅속으로 빨려 들어갈 뿐이었다. 그녀는 소리를 지르며 마을 사람들에게 도움을 요청했다. 비명에 놀라 황급히 달려온 사람들은 다 같이 힘을 합쳐 라피에를 꺼내려 했지만 속수무책이었다. 결국 목까지 땅에 잠긴 라피에는 엄마에게 말했다.

"투와레가 저를 데려가는 거예요. 3일 뒤 밤이 오면 다 같이 하늘을 보세요. 저는 그곳에서 반짝이고 있을 거예요."

3일째 되는 날 밤 다 함께 하늘을 보니 서쪽에서 보름달이 떠올랐다. 그것이 최초의 달이었다. 그때부터 낮에는 태양 투와레가, 밤에는 달 라피에가 하늘을 밝히고 부부 사이에서 태어난 다섯 명의 아이가 최초의 별이 되었다.[14]

하이누웰레는 축제가 한창일 때 마을 사람들이 파놓은 구멍에 떨어져 죽은 후 감자가 되었고 라피에는 볼일을 보려는데 땅속으로 빨려 들어가 달이 되었다. 두 이야기는 주인공이 어딘가에 묻혀 죽은 뒤 새롭게 태어났다는 점에서 유사하다. 라피에의 이야기에서 특히 흥미로운 부분은 '화장실'이다. 여기서 화장실은 인간 세상과는 다른 곳, 천계와 이어지는 접점 역할을 한다.

실을 뽑아 운명을 관장하는 여인들

그리스 신화의 여신 '모이라'

중학생 때 동아리에서 수예를 했다. 그중에서도 뜨개질을 참 좋아해서 툭하면 가족들이 목도리나 장갑을 떠달라고 조르곤 했었는데 재미있게도 신화에서는 실을 뽑거나 베를 짜는 등의 '실'과 관련된 수예는 대개 여신들의 영역으로 나타난다.

실 뽑기는 주로 '운명'을 관장하는 행위로 그려진다. 예를 들면 그리스 신화에는 '모이라(Moira, 복수형 모이라이)'라는 여신이 있다. 이들은 세 명이서 같이 일하는 늙은 여인들로 운명의 실을 뽑는 클로토(잣는 자), 이를 감아 분배하는 라케시스(분배하는 자), 그리고 실을 끊는 아트로포스(돌이킬 수 없는 자)로 불린다. 모이라가 정한 운명은 절대적이어서 신들의 왕 제우스조차 바꿀 수 없다. 북유럽에는 '노른(Norn)'이라는 운명의 여신이 있다. 이들도 마찬가지로 셋이서 함께 실을 뽑는다. 우르드, 베르단디, 스쿨드라고 불리는 노른은 지배자가 될 운명을 갖고 태어난 남자아이 앞에 나타나 그가 미래에 차지할 영토를 결정했다고 한다.

마을에 밤이 찾아오자　　　노른들이 나타나
귀인의 운명을　　　　　　점지해주었다.
이름을 크게 떨칠　　　　　우두머리가 되기를
왕 중에서도 가장 뛰어난 이로 자라나기를 기도했다.
브랄룬드 땅에서　　　　　성채가 무너져 내릴 때
그들은 온 힘을 다해　　　　운명의 실을 꼬았다.
황금의 실을　　　　　　　한데 모아
달이 있는 큰 방(하늘)　　　한가운데에서 묶었다.

동쪽과 서쪽에　　　　　　실 끝을 밀어 넣자
그 사이의 땅은　　　　　　왕의 소유가 되었다.
언니 네리(노른)는　　　　　북쪽에 하나를 던지고
영원히 끊기지　　　　　　않기를 빌었다.[15]

운명의 실을 꼬아서 한데 모아 묶는다. 이것이 끊어질 때 그에게 죽음이 찾아온다. 생사에 관한 노른의 결정은 이처럼 실 뽑기에 비유된다. 신화를 보면 그리스의 모이라와 북유럽의 노른처럼 세 명의 여인이 등장하는 경우가 많다. 가령 그리스 신화에는 고르곤 세 자매가 나오는데 두 명은 불사신이지만 메두사는 그렇지 않은 까닭에 페르세우스에게 목이 잘린다. 또 프랑스 신화에는 뱀의 모습을 한 멜루진이 나오는데 그녀 역시 세 자매 중 한 명이다.

두 손으로 세상을 수놓는 신

지하 세계에서 소년은 무엇을 보았을까?

실을 이용해서 손으로 하는 일 중 '베짜기' 역시 여신의 영역이다. 실 뽑기가 '인간의 운명'을 상징한다면 베 짜기는 '세상의 운행'과 관련이 깊다. 인도의 서사시 『마하바라타』에는 지하 세계에서 베를 짜는 여신이 나온다.

수행승이었던 소년 우탄카는 스승의 명령으로 파우샤 왕을 찾아갔다. 스승의 부인에게 줄 귀걸이를 왕비에게 빌리기 위해서였다. 무사히 귀걸이를 빌린 우탄카는 돌아오는 길에 한 수행승이 자신을 미행하고 있음을 알아차렸다. 수행승은 우탄카가 잠시 물을 찾으러 간 사이 바닥에 내려둔 귀걸이를 훔쳐 갔다. 우탄카가 쫓아가서 그를 붙잡자 수행 승은 탁사카 용왕의 모습으로 변했다. 그리고는 재빨리 땅에 난 커다란 구멍으로 들어가 자신의 거처인 용의 세계로 달아났다. 우탄카도 그 구멍으로 들어갔다. 우탄카는 열심히 용들을 찬양했지만 귀걸이를 돌려받지는 못했다. 그때 우탄카는 베틀 앞에 앉아 천을 짜는 두 여성을 보았는데 베틀에는 검정과 흰색 실이 걸려 있었다. 그리고 여섯 명의 아이가 돌리는 바퀴와 아름다운 남성 한 명도 보았다. 우탄카는 남성에게 다가가 말했다.

"지하 세계에 사는 용들이 저의 지배를 받았으면 합니다."

그러자 남자가 말했다.

"여기 있는 말 엉덩이에 숨을 불어 넣어라."

우탄카는 남자의 말대로 말 엉덩이에 숨을 불어 넣었다. 그러자 말의 몸에 있는 구멍에서 불의 신 아그니의 불꽃과 연기가 피어올랐다. 이로 인해 용들이 사는 세계는 불처럼 뜨거워졌다. 당황한 탁사카 용왕은 의기소침해져서는 급히 거처에서 나와 우탄카에게 귀걸이를 돌려주었다. 우탄카는 귀걸이를 받고 생각했다. 제례가 곧 시작될 텐데 너무 멀리 와버렸네. 어떻게든 방법을 찾아야 해. 그러자 남자가 말했다.

"우탄카, 어서 이 말을 타거라. 너를 눈 깜짝할 사이에 스승의 집으로 데려다 줄 것이다."

우탄카는 그 말을 타고 순식간에 스승의 집으로 돌아왔다. 스승의 부인은 목욕을 한 뒤 앉아서 머리를 빗고 있었다. 우탄카가 돌아오지 않자 주술을 걸까 고민 중이었다. 그곳에 우탄카가 나타나서 인사하며 귀걸이를 건네자 그녀는 말했다.

"우탄카, 딱 맞춰서 돌아왔군요. 어서 오세요."

우탄카는 스승에게도 인사했다. 그가 우탄카에게 물었다.

"우탄카, 잘 돌아왔네. 시간이 많이 지체됐는데 무슨 일이 있었나?"

우탄카는 대답했다.

"귀걸이를 빌려오는 도중에 탁사카 용왕의 방해를 받아 용들이 사는 세계에 다녀왔습니다. 그런데 그곳에서 베를 짜는 두 여인을 보았습니다. 베틀에는 검정과 흰색 실이 걸려 있었는데 그게 무엇입니까? 또 그곳에서 열두 개의 바큇살을 가진 바퀴와 그것을 돌리는 여섯 명의 아이를 보았습니다. 그것은 또 무엇인지요. 그리고는 한 명의 남자를 만났는데 그 남자는 이상하리만큼 큰 말과 함께 있었습니다. 그것은 또 무엇이란 말입니까. 왕궁으로 가는 도중에는 한 마

리의 소와 그걸 타는 남자가 있었는데 그는 제게 소의 똥을
먹으라며 스승님도 이것을 먹었다고 했습니다. 저는 그 사
람의 말대로 소의 똥을 먹었습니다. 그것은 대체 무엇입니
까. 부디 알려주십시오."

스승은 대답했다.

"베틀로 천을 짜는 두 여인은 창조의 신 '다트리'와 운명의
신 '비다트리'다. 검정과 흰색 실은 밤과 낮을 의미하고, 열
두 개의 바큇살은 일 년을, 바퀴를 돌리는 여섯 명의 아이
는 여섯 계절을 말한다. 그리고 아름다운 남성은 비의 신
'파르자니야'고, 말은 불의 신 '아그니'다. 왕궁으로 가는 도
중에 본 소는 코끼리의 왕 '아이라바타'고, 그 위에 올라탄
이는 '인드라' 신이다. 네가 먹은 똥은 불멸의 영약 '암리타'
이니라. 그 덕분에 용의 세계에서 무사히 돌아올 수 있었던
것이다. 인드라 신은 나의 친구다. 그의 은혜를 입어 네가
귀걸이를 되찾아 올 수 있었구나. 사랑하는 제자여, 이제
가도 좋다. 떠나는 것을 허락한다. 행복하길 빌겠다."[16]

이 신화에서는 다트리와 비다트리라는 두 명의 여신이
지하 세계에서 베를 짜고 있다. 그들이 짜는 두 개의 실이
밤과 낮을 의미하므로 두 여인은 곧 시간을 만드는 여신이

라고 할 수 있다. 중국에는 하늘나라에서 베를 짜는 직녀에 관한 이야기가 있다.

> 하늘의 강 동쪽에 하느님의 딸 직녀(織女)가 살고 있었다. 그녀는 하루 종일 베를 짜며 매일같이 아름다운 비단옷을 만들었다. 하지만 정작 자신은 일만 하느라 몸가짐을 단정히 할 시간이 없어서 머리도 얼굴도 엉망이었다. 하느님은 혼자서 외롭게 지내는 딸을 가엾게 여겨 하늘의 강 서쪽에서 소를 기르며 사는 견우(牽牛)와 결혼시켰다. 하지만 결혼을 하자 직녀는 견우와 함께 지내는 것이 마냥 즐거워 이제까지 열중했던 베 짜는 일은 쳐다보지도 않았다. 이에 화가 난 하느님은 직녀를 다시 하늘의 강 동쪽으로 보내고 일 년에 딱 한 번만 견우를 만나게 했다.[17]

우리에게 익숙한 칠석날의 기원이 된 신화다. 직녀의 베 짜기 역시 이 세상의 운명과 시간의 흐름을 상징한다. 그래서 직녀가 일을 게을리하자 하느님이 그토록 화가 난 것이다.

아름다운 소녀는
왜 거미가 되고 말았나

신과 인간의 이야기 '그리스 신화'

그리스 신화는 신과 인간의 이야기다. 신들만 나오는 이야기도 있지만 대부분 신과 인간 사이에서 벌어지는 일이 중심이다. 특히 남신과 인간인 여자가 관계를 맺어 아이를 낳는 경우가 많은데 그 아이는 자라서 대개 영웅으로 활약한다. 이렇다 보니 신과 인간이 꽤 가까운 듯 보이지만 사실은 매우 엄격하게 구분되어 있다. 신은 인간이 자신의 영역 안에 들어오는 것은 물론이고 넘보는 것조차 허락하지 않았다. 특히 인간의 오만함을 가장 싫어했다. 영원한 삶을 누리는 신과 언젠가 죽음을 맞이하는 인간은 경계가 명확했다. 인간이 신의 영역을 넘보면 어떻게 될까? 다음은 이 점이 잘 드러나 있는 이야기다.

옛날 소아시아의 어느 마을에 아라크네라는 소녀가 살았
다. 그녀는 베 짜기를 좋아해서 낮이고 밤이고 베틀 앞에만
앉아 있었다. 그녀의 실력은 나날이 성장해서 더 이상 견
줄 만한 인물이 없을 정도로 훌륭해졌다. 사람들은 직물을
관장하는 아테나 여신이 아라크네에게 기술을 전수했다고
수군거렸다. 하지만 아라크네는 이를 부정하며 말했다.
"나는 누구에게도 가르침을 받지 않았어요. 아무리 여신이
라도 저를 이기진 못할걸요. 만약 대결해서 진다면 뭐든지
내놓겠어요."
이를 들은 아테나 여신은 노파로 변신해서 아라크네를 찾
아가 여신을 향해 그런 못된 말을 해서는 안 된다며 혼을
냈다. 하지만 아라크네는 노파의 훈계에도 눈썹 하나 까딱
하지 않으며 되레 큰소리를 쳤다. 화가 난 아테나 여신은
본 모습을 드러냈고 두 사람은 길쌈 대결을 시작했다. 아라
크네가 짠 천은 누가 봐도 눈이 부실 만큼 훌륭했다. 이에
더 화가 난 아테나는 아라크네가 만든 천을 반으로 찢어버
리고 너도밤나무로 만들어진 베틀의 북으로 그녀의 머리
를 때렸다. 결국 아라크네는 스스로 목을 매려고 했다. 아

테나는 신을 무시한 아라크네의 오만함에 쉽게 화가 가라
앉지 않았지만 그래도 그녀를 불쌍히 여겨 목숨만은 살려
주었다. 그 대신 아라크네를 거미로 만들었다. 이렇게 해서
거미(그리스어로 아라크네)는 과거에 지녔던 기술로 훌륭한 거
미집을 만들게 됐다.[18]

정의와 전쟁의 여신 아테나가 직물을 관장한다는 사실
이 의외라고 느낄지 모르겠다. 하지만 앞서 설명했듯이 베
짜기나 실 뽑기 같은 실로 하는 수예는 신화에서 여신 혹은
여성의 영역이다. 게다가 이는 인간의 운명과 세계의 운행
과 관련된 매우 중요한 의미를 지닌다.

신도 못된 장난을 친다

북유럽 신화 '에다'의 세계 ②

신화의 신들은 정의감 넘치는 선한 존재로 인식되곤 한다. 하지만 신들도 성격이 다양해서 장난을 좋아하는 신, '트릭스터(trickster)'와 같은 인물도 있다. 트릭스터는 전 세계의 신화나 민담에 등장하는 존재로 제멋대로 행동하고 사회질서를 어지럽히길 좋아한다. 또 멋지게 활약한다 싶다가도 호되게 당하기도 하는 종잡을 수 없는 캐릭터다. 전형적인 예로는 북유럽 신화에 등장하는 '로키(Loki)'가 있다. 북유럽 신화의 신들은 '아스 신족'과 '반 신족'으로 나뉜다. 여기에 신들과 적대적인 관계인 거인족도 빼놓을 수 없다. 다만 신과 거인족은 때때로 거래를 하기도 한다.

신들이 정착을 시작했을 무렵 거인족의 한 직공이 찾아와 어떤 적이 쳐들어와도 끄떡없는 성벽을 반년 안에 만들어 주겠다고 했다. 대신 미와 사랑의 여신 프레이야와 해와 달을 요구했다. 신들은 의논 끝에 약속한 기간 안에 성벽을 완성하면 거인의 요구를 들어주기로 했다. 다만 하루라도 늦어지면 안 되고, 일하는 동안 어느 누구의 도움도 받지 않아야 한다고 말했다. 이에 거인은 수컷 말 '스바딜파리'와는 함께 일하게 해달라고 부탁하는데 이때 장난의 신 로키가 나서서 거인의 제안을 받아들이자고 설득했다.

거인과 말은 무서운 속도로 성벽을 쌓았다. 특히 스바딜파리는 거인보다 몇 배 더 빨리 일했다. 높고 튼튼한 성벽은 약속한 기간보다 3일 먼저 완성됐고, 이제 문만 달면 끝이었다. 신들은 이러한 상황을 만든 로키를 닦달하며 거인과의 약속을 깰 방법을 찾으라고 했다. 이에 로키는 암컷 말로 변신해서 스바딜파리를 유혹했다. 로키의 꾀에 홀딱 넘어간 스바딜파리는 해야 할 일도 잊은 채 정신없이 암컷 말을 쫓아갔다. 두 말은 밤새도록 숲을 뛰어다니며 즐거운 시간을 보냈다. 이 때문에 거인은 그날 밤 일을 하지 못했다. 결국 약속한 날까지 일을 마무리하지 못하자 거인은 크게 분노하며 난동을 부렸다. 신들은 서둘러 천둥의 신 토르를 불렀다. 한달음에 달려온 토르가 자신의 망치 묠니르를 던지자 거인은 머리가 깨져서 산산이 부서지고 말았다.

암컷 말로 변신해 스바딜파리와 관계를 맺은 로키는 다리가 여덟 개 달린 백마 슬레이프니르를 낳았다. 슬레이프니르는 신과 인간 사이에서 가장 빠른 말이자, 최고 신 오딘의 애마가 되었다.[19]

로키는 신들을 위해 애쓰기도 했지만 악행을 저지를 때도 많았다. 성별을 바꾸기도 했고 변신술에 능했다. 이런 점을 보면 일본 신화에 나오는 스사노오와 많이 닮았다. 스사노오는 천상 세계에서 온갖 못된 장난을 치다가 누이인 아마테라스를 바위굴에 숨게 만들기도 했다. 하지만 이후 야마타노오로치(일본 신화에서 사람을 잡아먹는 거대한 뱀. 꼬리와 머리가 여덟 개 달리고 배는 피로 문드러져 있다고 한다-옮긴이)를 물리쳐서 사람들에게 도움을 주기도 했다. 로키와 마찬가지로 스사노오도 선과 악이 공존하는 양면성을 띠는 존재다.

새가 등장하면 눈여겨봐야 하는 이유

메소포타미아 신화의 '안주 새'

데즈카 오사무(手塚治虫, 1928~1989)가 그린 『불새』라는 유명한 만화가 있다. 세계 그 자체를 대변하는 불멸의 새, 불새가 등장해 인간의 수많은 악행과 죄를 지켜본다는 내용이다. 인간은 고통과 괴로움 속에서 윤회를 반복한다는 불교적 관념이 깔려있다. 만화에서 불새의 존재는 지극히 신화적이다.

신화에 나오는 새로는 메소포타미아의 '안주(Anzu)'가 유명하다. 안주 새에 관한 이야기를 하기 전에 먼저 메소포타미아 문명에 대해 간략히 살펴보자. 티그리스강과 유프라테스강 사이에 놓인 지역이 메소포타미아인데 이곳에서 가장 오래된 문명이 바로 수메르다. 다만 수메르인의 계통은 아직 정확하게 밝혀지지 않았다. 수메르 문명이 멸망한 후에는 셈어족(북아프리카에서 서남아지아에 걸쳐 퍼져 있는 어족)인 아카드와 인도·유럽어족인 히타이트 등 여러 문명이 흥망을 거듭했다.

메소포타미아 문명에서 탄생한 흙벽돌과 쐐기문자는 오랫동안 여러 문명에 큰 영향을 미쳤다. 이곳에서는 수백 종류가 넘는 신이 다신교의 형태로 숭배받았는데 메소포타미아 신화에서 신과 인간의 교류를 그린 경우는 드물었다. 신과 인간이 섞여 이야기가 전개되는 그리스나 북유럽, 인도의 신화와는 세계관이 달랐다. 안주 새는 메소포타미아 남부에서 번영했던 아카드 제국의 신화에 등장한다. 신들의 중요한 보물인 '운명의 서판'을 훔쳐 달아나는 장본인이다.

먼 옛날 니푸르 도시에 있는 엔릴의 신전에 '운명의 서판'이 있었다. 이를 소유한 자는 만물을 다스릴 힘을 갖는다는 신성한 보물이었다. 안주 새는 이 보물을 갖고 싶어서 어느 날 엔릴 신이 목욕하는 동안 날카로운 발톱으로 '운명의 서판'을 쥐고 멀리 고향으로 달아났다. 망연자실한 신들은 누가 보물을 되찾아오면 좋을지 의논했다. 그 결과 닌우르타라는 신에게 그 역할이 주어졌다. 닌우르타는 어머니가 만든 전차(戰車)를 타고 안주 새가 있는 신성한 산봉우리로 향했다. 마침내 둘 사이에 격렬한 전투가 벌어졌다. 닌우르타는 안주 새를 향해 화살을 쐈지만 운명의 서판을 가진 자에게 신의 화살은 소용없었다. 그래서 이번에는 세찬 바람을 만들어 날렸더니 날개가 떨어지면서 안주 새가 추락했다. 그리하여 닌우르타는 무사히 운명의 서판을 되찾았다.[20]

신령한 새가 신들의 소중한 물건을 훔치지만 격렬한 전투 끝에 다시 빼앗긴다는 줄거리는 인도 신화에서 가루다 새가 불멸의 영약 암리타를 훔친 이야기와 비슷하다. 태어났을 때부터 뱀족의 노예였던 가루다는 천상 세계에 가서 불사의 음료 암리타를 훔쳐 와 뱀족에게 바치는 척하며 본인 스스로와 엄마를 노예에서 해방시킨다. 이후 암리타는 신들의 왕 인드라가 되찾아 천상 세계로 다시 돌려놓는다.

또 인도 베다 신화에는(인도 신화는 크게 브라만교와 관련된 베다 신화와 그 이후에 성립된 힌두교 신화로 나뉜다. 베다 신화에는 주로 자연물이 신격화되어 불의 신 아그니, 천둥의 신 인드라, 태양의 신 수리야 등이 나온다-옮긴이) 독수리가 불사의 약 소마를 하늘에서 가져온다는 이야기도 있다. 이처럼 신화 속 새들은 신들의 소중한 물건이나 하늘에서 유래한 물건을 훔치거나 가져오는 역할로 자주 등장한다.

すごい神話

한 사람이자 곧 여러 사람인
해리 포터

일체화 현상

이 책을 쓰는 작은 목표 중 하나는 최신 게임과 신화의 연결 고리를 찾아보는 것이었다. 하지만 이는 생각보다 훨씬 어려운 문제였다. 우선 내가 게임을 해본 경험이 별로 없다. 게다가 게임의 종류가 워낙 많다 보니 어디서부터 시작하면 좋을지 감을 잡기 어려웠다. 그럼에도 용기 내어 한 발짝 내디뎌 보겠다.

첫 번째 소재는 〈퍼즐 앤 드래곤(Puzzle & Dragons)〉이라는 인기 퍼즐 게임이다. 일본의 겅호(GungHo) 온라인 엔터테인먼트에서 개발한 모바일 게임으로 매우 다양한 신이 몬스터로 등장한다. 이용자는 최대 여섯 명의 몬스터로 팀을 만들어 던전으로 들어간 다음, 색색의 블록을 이동시켜 같은 색을 세 개 이상 모으면 블록을 지울 수 있다. 그리고 이때 만들어진 에너지가 적의 몬스터를 공격하는 방식이다. 나는 이 게임을 시작한 지 얼마 되지 않아서 아직 가지고 있는 몬스터가 많지 않다. 현재는 켈트 신화에 나오는 풍요의 신인 다그다와 일본 창세의 신 이자나기 정도가 있다. 다그다의 속성은 나무인데 몸집이 매우 큰 게 특징이며, 이자나기의 속성은 빛이고 고풍스러운 복장을 하고 있다. 신들의 출신과 특징을 정확하게 파악해서 캐릭터를 설정한 흔적이 엿보였다. 그런데 인도의 신 인드라(Indra)는 뜬금없이 용의 모습을 하고 있었다. 이것은 매우 흥미로운 부분이었다. 왜냐하면 인드라는 악룡 브리트라를 쓰러뜨린 신이기 때문이다. 말하자면 인드라는 자신의 적의 모습을 하고 있는 셈이다. 인드라가 브리트라를 물리쳤던 이야기부터 살펴보자.

정교한 물건을 만들 듯 세상을 탄생시킨 창조의 신 트바슈트리는 인드라를 해칠 목적으로 머리가 세 개 달린 아들 비슈바루파를 만들었다. 비슈바루파가 힘겨운 고행을 견디며 수행을 거듭하자 인드라는 점점 두려웠다. 그래서 하늘의

요정 아프사라스들에게 비슈바루파를 유혹해서 수행을 방
해하도록 명령했다. 요정들은 온갖 방법을 동원해 비슈바
르파를 유혹했지만 그는 전혀 동요하지 않았다. 하는 수 없
이 인드라는 금강저(승려가 불도를 닦을 때 쓰는 방망이 모양의 도구로
신화에서 신들의 무기로 자주 쓰인다-옮긴이) 바즈라를 던져서 비슈
바루파를 죽였다. 그는 쓰러진 상태에서도 계속해서 눈부
신 빛을 뿜어내 마치 살아 있는 듯 보였다.

인드라는 근처에서 만난 나무꾼에게 비슈바루파의 머리
를 자르라고 명령했다. 나무꾼은 머뭇대다 인드라의 명령
에 따랐다. 세 개의 머리가 잘리자 그 안에서 세 마리의 새
가 나와 하늘로 날아갔다. 인드라는 잘린 머리를 가지고 뛸
듯이 기뻐하며 천상 세계로 돌아갔다. 아들이 죽자 트바슈
트리는 분노를 참을 수 없었다. 그는 불 속에 공물을 바쳐
서 무시무시한 괴물 브리트라를 만들어 인드라를 죽이라
고 명령했다. 브리트라와 인드라의 격렬한 전투가 시작됐
다. 브리트라가 인드라를 삼켜버리자 인드라는 브리트라가
하품을 하도록 유도해서 간신히 빠져나왔다. 이때부터 호
흡하는 동물은 모두 하품을 하게 되었다고 한다.

싸움은 계속되었다. 인드라는 일단 물러난 뒤 비슈누의 방
책에 따라 브리트라와 평화조약을 맺었다. 브리트라는 "마

른 것, 젖은 것, 바위와 나무, 모든 무기와 바즈라로 낮이든 밤이든 인드라와 모든 신은 나를 죽여서는 안 된다."는 조건을 내걸었다. 신들은 그 제안을 받아들였다. 어느 날 해 질 녘에 브리트라가 혼자 바닷가에 있자 인드라는 '지금은 해가 지고 있는 시간이니 낮도 밤도 아니다. 지금 무슨 수를 써서라도 그를 죽여야 한다'고 생각했다. 그러자 바다에 산처럼 큰 거품이 일어났다. 인드라는 "이것은 마르지도 젖지도 않았다."고 말하며 거품을 브리트라에게 던졌다. 거품 안에 숨어 있던 비슈누는 마침내 브리트라를 물리쳤다.[21]

이야기 속에서 인드라가 물리치는 괴물 브리트라도 〈퍼즐 앤 드래곤〉에서 몬스터로 나온다. 인드라와 브리트라의 캐릭터를 비교해보면 인드라는 빛과 물의 속성을 지녔고 네 개의 다리와 한 쌍의 날개를 가지고 있으며 끝이 갈라진 뿔과 꼬리가 있다. 브리트라는 속성이 어둠이고 네 개의 다리와 커다란 날개를 가지고 있으며 두 개의 긴 뿔과 꼬리가 있다. 속성이 정반대라는 점만 빼면 둘의 모습은 거의 비슷하다. 이는 적과 한 몸이 되는 '일체화 현상'으로 풀이할 수 있다.

일체화 현상은 신화에 자주 등장하는 소재다. 예를 들

면 그리스 신화의 아테나는 영웅 페르세우스가 뱀의 형상을 한 괴물 메두사를 처치할 때 도와주고 그에게서 메두사의 잘린 머리를 받아 방패에 달고 다녔다. 그런데 사실 아테나도 원래 뱀과 관련이 깊은 '뱀의 여신'이었다. 아테나를 표현한 그림이나 조각상을 보면 그녀의 옷소매는 전부 뱀으로 장식되어 있다. 방패에 달린 메두사의 머리도 페르세우스가 메두사를 퇴치하는 신화가 성립되기 이전부터 아테나를 상징하는 요소였을 가능성이 높다. 어찌 됐든 아테나는 뱀의 여신이고 아테나의 도움으로 죽은 메두사도 뱀이니 쓰러뜨린 자와 쓰러진 자 사이에 뱀이라는 공통 요소가 있는 셈이다.

인도 신화에서는 『마하바라타』에 이와 비슷한 현상이 나온다. 『마하바라타』에게서 첫 번째로 손꼽히는 영웅 '아르주나'의 숙적은 한 어머니에게서 태어난 형 '카르나'다. 적대관계인 두 사람은 모두 활 솜씨가 뛰어나다는 점에서 동질적이다. 『마하바라타』에 나오는 또 한 명의 영웅 '비마'에서도 일체화 현상을 엿볼 수 있다. 비마의 숙적은 100명의 카우라바 형제 중 장남인 '두르요다나'인데, 둘 다 곤봉을 휘두르는 기술이 탁월하다. 체격이 좋고 근육을 사용해 곤봉을 휘두르는 점도 비슷하다.

일체화 현상은 현대 문학에서도 찾아볼 수 있다. 바로 조앤 롤링의 '해리 포터 시리즈'다. 주인공 해리 포터는 어둠의 마왕 볼드모트와 숙적관계인데 두 사람의 영혼은 떼려야 뗄 수 없는 끈으로 이어져 있다. 해리는 뱀의 말을 이해하고 직접 할 수도 있다. 말 그대로 뱀과 대화가 가능하다. 그런데 이 능력은 사실 볼드모트에서 유래했다. 해리는 아기 때 볼드모트의 공격을 받는데 엄마 릴리의 희생으로 살아남는다. 그때 볼드모트의 영혼의 조각 중 일부가 해리 안에 들어왔다. 이렇게 해서 원래 볼드모트의 능력이었던 뱀과 대화할 수 있는 힘이 해리에게도 생겨났다. 그뿐 아니다. 볼드모트는 『해리 포터와 불의 잔』에서 육체를 다시 얻을 때 해리의 피를 사용한다. 이 때문에 해리의 핏속에 흐르고 있던 릴리의 보호 마법이 볼드모트에게도 들어간다. 즉 해리 포터와 볼드모트는 뱀과 대화할 수 있는 능력이나 릴리의 보호 마법을 서로 주고받으며 공유한 것이다. 또한 해리는 볼드모트가 의도치 않게 만든 호크룩스로 그의 영혼의 일부를 담아주는 역할을 한다. 결국 두 사람은 그야말로 영혼을 나누어 가진 사이다. 참으로 복잡한 설정이지만 해리 포터 시리즈에서도 우리는 적과 한 몸이 되는 '일체화 현상'과 '동질성'을 확인할 수 있다.

고대부터 현대에 이르기까지 각종 이야기 속에 일체화 현상이 공통으로 쓰인 걸로 보아 이는 인간의 무의식에서 비롯된 현상임이 틀림없다. 일체화 현상은 인간 심리에 깊이 뿌리박혀 시대와 지역을 초월하며 신화나 이야기 속에 반복적으로 사용되어왔다. 게임의 신화성에 대해 생각할 때 단순히 게임에 등장하는 신들의 이름만 눈여겨보지 말고 인간의 무의식에서 비롯된 이야기의 구조에까지 관심을 둔다면 신화와 게임의 관계를 풀어내는 중요한 열쇠를 발견할 수 있다.

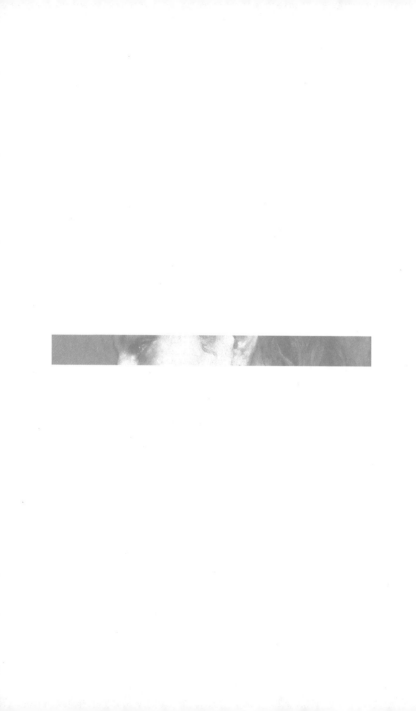

신의 목소리를
들을 수 있다면

III

すごい神話

신화를 전달해주는 '언어'에는 위대한 힘이 깃들어 있다. 그래서 신들도 언어의 힘을 탐내고 때로는 그 힘에 굴복하기도 한다. 언어와 마찬가지로 '소리'를 내서 표현하는 음악과 숫자에도 특별한 힘이 있다고 여겨져 왔다. 지금부터는 '언어와 소리 그리고 숫자'에 관한 세계 곳곳의 신화를 탐색해보자.

입 밖으로 내뱉은 말이 가진 무서운 힘

켈트 신화의 '저주가 담긴 시'

한자 문화권에서는 숫자 '4'가 '죽을 사(死)' 자와 소리가 같아서 기피하는 경향이 있다. 가까운 예로 내가 학생 시절 살았던 낡은 아파트에는 104호와 204호가 없었다. 4자를 쓰지 않기 위해 103호 옆은 105호였다. 언어에 관한 미신은 이뿐 아니었다. 해마다 대입 시즌이 오면 수험생에게 미끄러진다든지 떨어진다는 의미가 있는 말은 해서는 안 된다고 여겼다. 언어에 관한 미신은 소리의 유사성을 의미에까지 투영한 결과로, 이야기가 구전되는 과정에서 종종 보이는 현상이다. 고대 일본어를 연구하는 학자 사사키 다카시(佐佐木隆)는 『고사기』에서 다음과 같은 예를 찾았다. 스사노오가 야마타노오로치를 퇴치하는 장면이다.

> 스사노오는 구시나다히메라는 여인을 구하기 위해 오로치
> 에게 먹일 술을 빚게 했다. 그리고는 구시나다히메를 빗(櫛·
> くし=구시)으로 바꿔서 머리에 꽂고 오로치가 술에 취한 틈
> 을 타 칼로 베어 죽였다. 여기서 구시나다히메의 이름과 빗
> 을 뜻하는 말 '구시'는 발음이 같다. 또 고대 일본에서는 술
> 을 '구시', 술을 관리하는 사람을 '구시노가미(酒の司·くしのか
> み)'라고 불렀다. 구시나다히메와 빗과 술, 세 가지 의미가
> 더해져 '구시'라는 말이 증식한 셈이다.[1]

소리와 의미가 중첩되는 현상은 구전 신화가 갖는 하나
의 특징이기도 하다. 그리고 여기에는 언령(言靈), 즉 말에
는 신령한 힘이 담겨 있다는 믿음이 자리한다. 말이 지닌
힘에 관한 이야기는 세계 곳곳에서 찾아볼 수 있다. 누아다
(Nuada) 왕에 관한 켈트 신화를 살펴보자.

> 다나 여신의 신족이 아일랜드의 원주민 피르 볼그와의 전
> 쟁에서 승리했을 때 싸움을 지휘했던 신은 누아다였다. 그
> 는 20년 동안 다나 신족의 왕이기도 했다. 누아다 왕은 피

르 볼그와의 전쟁을 진두지휘하며 눈부신 활약을 펼쳤지만 전투 중에 한쪽 팔을 잃고 말았다. 이에 의술과 기술의 신 디안케트는 왕에게 은으로 정교하게 만든 팔을 달아주었고, 이후 누아다 왕은 '은 팔의 누아다'로 불렸다.

전쟁을 승리로 이끈 누아다가 계속해서 왕위를 이어가야 마땅했지만 당시 켈트족의 풍습으로는 육체적 결함을 가진 자는 높은 지위에 오를 수 없었다. 결국 왕위는 7년 동안 거인족의 피가 섞인 브레스가 맡았다. 하지만 이도 디안케트의 아들 미아흐가 누아다의 팔을 치료할 때까지였다. 미아흐는 땅에 묻혀있던 누아다의 팔을 꺼내 원래대로 붙이는 데 성공했다. 누아다가 팔을 되찾자 사람들은 폭군이었던 브레스를 왕위에서 끌어내리고자 했다. 브레스는 다나 신족과 이들의 숙적인 거인족 포모르의 피가 섞인 혼혈로, 아내는 다그다 신의 딸 브리지트였다. 그는 욕심이 많고 인색해서 사람들에게 무거운 세금을 징수하면서 정작 자신은 전혀 베풀려고 하지 않았다. 귀족과 시인을 환대하는 것이 당시 왕의 예의이자 의무였는데 브레스는 이조차도 하지 않았다. 그는 야만스러운 포모르 족의 피를 이어받은 탓인지 시나 음악에 관심이 없었고 시인과 가인(歌人)을 홀대했다. 그러던 어느 날 저녁 카이르프레라는 음유시인이 왕궁을 찾았다. 그는 시의 신 오그마와 여류 시인 에탄의 아들이었다. 브레스 왕은 카이르프레를 난로도 침대도 없는 좁고 어두운 방으로 안내한 다음 작은 접시에 담긴 마른 빵 세 개를 대접했다. 카이르프레는 답례로 다음과 같은 시를 지었다.

접시에는 음식이 없고
송아지가 마실 우유조차 없네
칠흑같이 어두운 밤 인간은 머물 곳이 없고
시를 읊는 이에게 돈도 주지 않네
브레스 왕도 똑같이 당해봐야 한다네

그가 읊은 시에는 마술적인 힘이 있어서 사람들의 마음을 파고들었고 이윽고 시의 내용은 현실이 됐다. 결국 브레스는 왕위에서 쫓겨났다. 미아흐 덕분에 팔을 되찾은 누아다는 다시 왕좌에 올랐다.[2]

켈트 신화의 시인은 사회적 역할과 지위가 인도의 브라만과 비슷하다. 시인과 브라만은 모두 언어가 현실 세계에서 실질적인 힘을 발휘한다고 믿는다. 입 밖으로 내뱉은 말

은 실체가 있는 '힘'으로 구현된다. 써서 기록한 글보다 말
에는 발화라는 행위 자체에 힘이 깃들어 있기 때문이다.

시인이 되기 위해서 도둑질까지 한 신

북유럽 신화 '시인의 밀주'

북유럽 신화에서도 언어의 신비한 힘을 믿는 사고방식을 찾을 수 있다. 바로 누구든 마시면 시인이 될 수 있다는 귀한 술 '시인의 밀주'에 관한 이야기다. 시인 스노리 스툴루손이 쓴 『신 에다』의 2부 '스칼드의 시 창작법' 4장부터 6장에 기록되어 있다.

전쟁을 이어가던 아스 신족과 반 신족은 마침내 강화 협상을 맺기로 했다. 양쪽이 모두 모여 한 항아리에 침을 뱉는 방법으로 휴전을 결정했다. 헤어질 때 신들은 휴전의 증표인 침을 이대로 썩게 둘 순 없다며 이를 가지고 '크바시르'

라는 이름의 남자를 만들었다. 그는 매우 지혜로워서 그 누구의 질문에도 머뭇거리지 않고 대답했다고 한다. 그런데 크바시르는 넓은 세상을 여행하며 떠도는 도중 두 명의 난쟁이에게 살해당하고 만다. 난쟁이들은 크바시르가 흘린 피에 꿀을 섞어 마시면 누구든 시인이 될 수 있다는 밀주를 만들었다. 이 밀주는 거인 수퉁의 손에 넘어가고 그는 흐닛뵤르그라는 바위산에 밀주를 숨긴 뒤 딸 군로드에게 지키도록 했다. 오딘은 거인으로 변신해 수퉁의 형제 바우기에게 가서 자신을 볼베르크라고 소개하며 여름 내내 그의 일손을 도왔다. 그리고 겨울이 되자 노동에 대한 대가로 약속했던 밀주 한 모금을 달라고 했다. 하는 수 없이 바우기는 수퉁에게 가서 볼베르크와의 거래를 설명했지만 수퉁은 한 방울도 줄 수 없다고 거절했다. 이에 볼베르크는 바우기에게 명령해 송곳으로 바위산에 구멍을 뚫은 뒤 뱀으로 변신해서 들어가 밀주를 지키던 군로드에게 갔다.

볼베르크는 군로드와 3일 밤을 함께 보냈다. 결국 유혹에 넘어간 군로드는 그에게 밀주 세 모금을 마시도록 허락했다. 밀주는 세 개의 용기에 나눠 담겼는데 볼베르크는 첫 모금에 오드로리르라는 항아리를 전부 비웠고, 두 모금째에 보든이라는 항아리를, 세 모금째에 손이라는 항아리를

다 비웠다. 밀주를 전부 손에 넣자 볼베르크는 독수리로 변
신해서 달아났다. 수통도 황급히 독수리로 변신해서 오딘
을 쫓았지만 오딘은 아스가르드에 도착하자마자 그를 기
다리고 있던 신들이 준비해둔 항아리에 밀주를 전부 토해
내서 담아버렸다. 이렇게 해서 밀주는 아스 신족이 소유하
게 되었다.[3]

아스가르드의 최고신이었던 오딘은 고생도 마다하지
않고 거인으로 변신해 다른 이름으로 일까지 해가며 시인
의 밀주를 손에 넣었다. 시인이 그토록 탐나는 존재인지 의
문이 들지도 모르겠다. 하지만 시인은 언어를 다루는 자이
고 언어에는 힘이 깃들어 있어서 현실 세계에 마술 같은 힘
을 발휘한다고 믿었기에 신들에게도 이는 매우 중요한 존
재였다.

이름에는 어떤 힘이 있다

이집트 신화의 '언령'

켈트와 북유럽뿐 아니라 이집트에도 언어의 힘에 관한 신화가 전해진다. 여인 이시스(Isis)가 언어의 힘으로 대여신의 자리에 오른다는 이야기다.

여신 이시스는 원래 언어의 힘을 다룰 줄 아는 인간이었다. 그녀는 수많은 인간을 보살피다 지쳐 신들이 부러웠고 여신이 돼야겠다는 야망을 품었다. 그즈음 태양신 라는 노쇠해 침을 흘리는 노인이 되었다. 이시스는 흙으로 창 모양을 한 신성한 뱀을 만들었다. 그리고 라가 지나는 곳에 두었다. 아침에 일어난 라가 그곳을 지나갈 때 이시스가 만든

뱀이 그를 물었다. 순식간에 독이 온몸에 퍼지자 라는 턱과
손발을 덜덜 떨었다. 라는 신들을 불러 자신의 고통을 알렸
다. 모든 신들이 라를 찾아왔고 슬픔을 감추지 못했다. 그
곳에 여인 이시스가 나타나 말했다.

"저는 말의 힘으로 뱀의 독을 치유할 수 있습니다. 저의 말
은 생명의 숨과 같아서 병을 낫게 하지요."

라가 말했다.

"이 독의 고통은 불보다 뜨겁고 물보다 차갑도다."

그러자 이시스가 말했다.

"라 신이여, 당신의 진짜 이름, 숨겨진 말을 가르쳐 주십시
오. 그리하면 그 이름으로 당신을 구해드리겠습니다."

라가 고민에 빠져 있는 동안 독은 점점 더 퍼져서 한층 더 강
력하게 그를 괴롭혔다. 라는 고통스러워하며 입을 열었다.

"나의 진짜 이름을 이시스에게 알려라."

라가 모습을 감추자 이시스는 라의 진짜 이름을 들었다. 이
시스는 자신이 가진 언어의 힘을 사용해 말했다.

"독이여, 라의 몸에서 사라져라. 내가 독을 없애리라. 태양
신 라의 이름으로 말하나니 온몸에서 빠져나가라. 라의 명
이여 길어지리라. 독이여, 사라져라."

이렇게 해서 이시스는 태양신 라의 진짜 이름을 알고 있는

대여신으로 숭배받았다.[4]

이시스는 언어의 힘을 다룰 줄 안 덕분에 여신의 자리에 올랐다. 신화 속에서 언어의 힘이 가장 강력하게 깃들어 있는 것으로 '이름'이 강조된 점도 흥미롭다. 이름이란 이를 가진 사람의 본질을 나타낸다는 뜻이 담겨 있다. 이름은 특별한 힘을 지녔기에 귀하게 여겨지기도 하지만 이와 같은 이유에서 금기가 되기도 한다. 예를 들면 '해리 포터 시리즈'의 주인공 해리의 숙적 볼드모트는 등장 인물들에게 '이름을 말해서는 안 되는 그 사람'으로 불린다. 이름을 부르면 자칫 그의 존재를 이곳에 불러들여 그가 현실에 나타날지도 모른다는 두려움이 깔려 있기 때문이다.

태초에 존재했던 유일한 언어

구약성서의 '바벨탑'

구약성서에서도 언어는 매우 특별하게 다뤄진다. 『구약성서』 창세기 1장의 시작 부분을 보면 세계를 만든 것은 다름 아닌 신의 '말'이었다.

> 태초에 하나님은 하늘과 땅을 창조하셨다. 땅은 혼란스러 웠고, 심연 위에는 어둠이 있고, 하나님의 영혼은 물 위를 움직이고 계셨다. 하나님이 "빛이 생겨라." 말씀하시니 빛 이 생겼다. 하나님은 빛을 보고 좋아하셨다. 하나님은 빛과 어둠을 나누시며 빛을 낮이라 하시고 어둠은 밤이라 하셨 다. 저녁이 되고 아침이 되니 하루가 지났다.[5]

하나님은 말씀으로 세상을 창조했다. 이와 같은 언어의 절대적인 가치는 『신약성서』에 더 명확하게 기록되어 있다. '요한복음' 1장을 살펴보자.

> 태초에 말씀이 있었다. 말씀은 하나님과 함께 있었으니 말씀이 곧 하나님이셨다. 이 말씀은 처음에 하나님과 함께 있었다. 만물은 말씀에 의해 생겨났다. 말씀 없이 생겨난 것은 하나도 없었다.[6]

『성서』에서 '말'은 세계의 근원인 원초적인 존재로 세계를 만들어내는 힘 그 자체였다. 철학자 구메 히로시(久米博)에 따르면 르네상스 이후 유럽에서는 아담이 에덴동산에서 어떤 말을 썼을지에 관해 진지하게 논의했다고 한다. 아담은 『구약성서』에 등장하는 최초의 인간이다. (구메 히로시, 「언어의 신화와 신화의 언어(言語の神話と神話の言語)」, 릿쇼대학교 문학부 연구간행물 17호, 2001.)

아담이 쓴 말, 즉 태초에 존재했던 유일한 언어를 기독교에서는 '아담의 언어'라고 부른다. 그 언어로 아담은 모든 생물에게 이름을 부여했다. 이 이야기는 다음과 같이 기록되어 있다.

신이었던 하나님은 흙으로 세상의 모든 들짐승과 하늘의
새를 만드시고 아담에게 데려갔다. 아담이 이들을 어떻게
부르는지 보기 위해서였다. 아담이 각 생물을 부르자 그것
이 곧 그들의 이름이 되었다. 아담은 모든 가축, 하늘의 새,
들짐승에게 이름을 붙였다.[7]

태초에는 하나님의 말과 아담의 말이 있었고, 이는 아
마도 하나의 언어였을 것이다. 하지만 그 언어는 성서에 따
르면 창세기 11장 바벨탑 이야기에서 신에 의해 해체된다.

모든 땅은 같은 언어를 가지고 같은 언어로 이야기했다. 그
들은 벽돌로 탑을 쌓고 자신들의 이름을 널리 알리고자 하
였다. 하나님은 하늘에서 내려와 인간들이 쌓고 있던 탑을
보시고 말씀하셨다.
"모두가 한 민족이고 언어도 하나여서 이 같은 일이 일어
났도다. 이래서는 그들이 어떤 일을 기획하든 막을 수 없으
니 우리가 내려가서 곧바로 그들의 언어를 혼란스럽게 하
여 서로의 언어를 알아듣지 못하게 하자."
하나님이 인간들을 그곳에서 온 땅으로 흩어지게 하시자
그들은 도시의 건설을 그만두었다. 이리하여 이 마을의 이

름은 바벨이 되었다. 하나님이 온 땅의 언어를 혼란스럽게 하고 인간들을 모두 흩어지게 했기 때문이다.[8]

하나의 언어가 여러 언어로 나뉘자 인간은 다 같이 힘을 모아 신에게 가까이 갈 힘을 잃었다. 이 이야기에서는 이전에 존재했던 '하나의 언어'를 매우 성스럽게 받들고 있다. 근대에 들어서자 신의 말(아담의 말)은 대체 어떤 언어였는지에 관한 탐구가 시작됐다. 흥미롭게도 태초의 언어를 밝히려는 이 현상은 인도·유럽어족의 조상어와 기원을 찾으려는 연구와 매우 닮았다.

인도·유럽어족의 언어는 단어뿐 아니라 문법의 구조도 유사해서 현재와 같이 넓은 지역으로 분산되기 이전에는 한 곳에서 하나의 언어, 즉 조상어로 존재했을 것이라는 가설이 있다. 이에 조상어를 다시 만들고 나아가 그들이 원래 살았던 공통의 주거지였던 고향을 찾아보자는 시도가 이어져 왔다. 따라서 잃어버린 하나의 언어에 관한 탐구는 『성서』와 인도·유럽어족에서 공통으로 보이는 현상이다.

원하는 모든 것을 얻는 음악의 비밀

그리스 신화의 오르페우스

신화에서는 언어와 마찬가지로 음악에도 신비로운 힘이 있다. 특히 음악의 힘은 동물의 생명과 관계가 깊다. 바이올린족(바이올린, 비올라, 첼로, 콘트라베이스)과 하프, 피아노, 목관 악기처럼 대부분의 악기는 나무로 만든다. 하지만 악기의 핵심인 소리를 내는 부분은 동물에서 기원한다. 현악기는 활로 현을 문질러서 소리를 내는데, 원래 현은 양의 창자에서 섬유를 뽑아 꼬아서 만들었다. 이를 '거트현'이라고 부른다. 또 활에는 말의 털이 쓰이고, 일본의 전통악기 샤미센은 고양이나 개의 가죽으로 만든다. 알자스 출신의 민속음악 학자 마리우스 슈나이더(Marius Schuneider)는 "음악에 신비한 힘이 깃들어 있다고 여긴 문화권에서는 악기를 만들 때 동물을 희생시켰다"고 한다.

이러한 견해는 그리스 신화의 헤르메스(Hermes)가 처음 리라를 만들었던 이야기를 떠오르게 한다. 헤르메스는 어린 시절, 주변을 기어 다니던 거북이의 등딱지를 떼서 여기에 아폴론에게서 훔친 소의 힘줄 일곱 개를 연결하여 리라를 만들었다. 악기가 만들어질 때 희생당한 동물의 영혼은 악기의 일부가 되고, 따라서 악기가 내는 소리는 곧 죽은 영혼의 가락인 셈이다. 그래서인지 신화 속 악기는 신비한 힘을 가지고 있다. 그리스 신화에는 음악의 특별한 힘에 관한 이야기가 많은데 그중에서도 오르페우스(Orpheus)의 이야기가 가장 유명하다.

예술의 여신 무사이 중 한 명인 칼리오페의 아들 오르페우스는 노래와 리라 연주에 뛰어나 들짐승과 숲의 나무들까지 감동시킬 정도였다. 그는 아르고호 원정대(그리스 신화에서 영웅 이아손이 콜키스의 황금 양털을 찾기 위해 결성한 원정대. 그리스 각지의 영웅들이 참여했다-옮긴이)에 참여하는데 그곳에서 손톱으로 리라를 연주해 바람과 파도를 잠재웠다. 또 바다의 괴물 세이렌이 아름다운 노랫소리로 선원들을 홀리려 하자 올바른 음악 소리를 연주해 그들을 구했다. 한편 오르페우스는 요절한 아내 에우리디케를 되살리기 위해 저승으로 떠나는데 그곳에서 문지기 케르베로스를 음악 소리로 제압하고 저승의 왕과 왕비 앞에서 리라를 연주하며 노래를 부른다. 오르페우스의 노래에 마음을 빼앗긴 왕과 왕비는 결국 에우리디케를 데려가도 좋다고 허락한다. 오르페우스가 저승을 나오기 직전 금기를 어기지만 않았다면 에우리디케는 살 수 있었을 것이다. 저승에 다녀온 오르페우스의 후일담으로 다음과 같은 일화도 전해진다.

> 언덕 위에 아주 넓고 평탄한 들판이 있었다. 그곳 한쪽에는 싱싱한 풀이 무성했지만 햇빛을 피할 만한 곳은 어디에도 없었다. 신들의 피를 이어받은 음악가 오르페우스가 그곳에 앉아 아름다운 리라 연주를 시작하자 어디선가 나무들이 날아오더니 금세 그늘이 생겼다.[9]

오르페우스 이야기처럼 신화에서는 음악이 '질서를 무질서로' 바꾸는 역할을 할 때가 있다. 움직이지 않는 나무를 움직이게 했으니 질서를 무질서로 바꾼 것이다. 이와 비슷한 이야기가 하나 더 있다.

제우스와 인간인 안티오페 사이에서 태어난 쌍둥이 아들 제토스와 안피온은 키타이론산에서 소를 기르며 사는 이들에게 길러졌다. 제토스는 힘이 세고 무예에 뛰어났으며, 안피온은 음악을 좋아해서 헤르메스에게 배운 리라를 연주하면 사람들이 감동할 정도의 실력을 갖고 있었다. 훗날 형제는 엄마와 재회한 뒤 테바이를 함락시키고 왕위에 오른다. 테바이에 성벽을 쌓은 것도 이즈음이었다. 안피온이 리라를 연주하면 성벽을 쌓는 데 필요한 돌들이 스스로 움직여서 차례대로 쌓이며 성벽을 완성했다고 한다.[10]

오르페우스가 리라 연주로 움직이지 않는 나무를 움직였듯이 안피온도 마찬가지로 리라 연주로 움직일 수 없는 돌을 원하는 대로 이동시킨 것이다.

신과 악마를 부르는 소리
프랑스 민화에서 일본 신화까지

음악의 신비한 힘은 신화뿐 아니라 옛날이야기에서도 자주 다룬다. 다음은 프랑스 민화에 나오는 마법 피리에 관한 이야기다.

어느 날 자노는 엄마가 만들어 준 팬케이크를 가지고 놀러 나갔다가 한 할머니가 부탁하기에 케이크의 반을 나누어 주었다. 그러자 할머니는 자노에게 반지와 피리를 주었다. 할머니는 하늘에서 내려온 선녀였다. 할머니가 준 반지를 끼자 자노의 몸이 커졌다가 작아졌다가 했다. 또 피리를 불자 주변 사람들이 모두 춤을 추기 시작했다.

하루는 여행을 떠난 자노가 이웃 나라 왕이 사는 성에 몰래 들어갔다. 그곳에서 자노는 공주를 만나 첫눈에 반해 결혼을 결심했다. 그러자 왕은 자노를 시험해보기 위해 과제를 주었다. 검정과 흰색 토끼 각각 12마리를 줄로 묶지 않고 들판과 숲을 빠져나와 성까지 데리고 오라는 것이었다. 자노는 토끼를 잡아 들판에 데려간 다음 마법 피리를 불어 춤추게 했다. 결국 자노는 해가 지기 전까지 토끼들을 성에 데려오는 데 성공했다.

왕은 두 번째 과제를 주었다. 사형을 담당하는 이의 손을 피해보라는 것이었다. 자노가 교수대에 서자 사형집행인이 그의 목에 밧줄을 매려 했다. 자노는 숨이 다할 때까지 마법 피리를 불었다. 그러자 사형집행인도 왕도 모두 기묘한 춤을 추기 시작하더니 멈추지 못했다. 왕은 자노에게 용서를 구하며 딸과의 결혼을 허락했다.[11]

또 다른 프랑스 민화에서는 사람을 춤추게 하는 마력을 가진 바이올린이 나온다.

잔이라는 이름의 젊은 남자가 3년 동안 농장에서 일해 받은 돈을 가지고 길을 걷고 있었다. 그때 길가에 앉아 있던 추

레한 노인이 잔에게 돈을 구걸했다. 잔은 가지고 있던 3년 분의 품삯을 노인에게 전부 주었다. 노인은 잔에게 세 가지 소원을 들어주겠다고 말했다. 그러자 잔이 대답했다.

"무엇이든 절대 놓치지 않는 소총과, 사람을 춤추게 하는 바이올린, 그리고 절대 거역할 수 없는 말(言)을 주시오."

노인은 잔의 세 가지 소원을 들어주었다. 잔이 숲속으로 들어가자 어디선가 말소리가 들렸다.

"제발 저 휘파람새 좀 잡아줄 수 없겠나."

목소리의 주인공은 잔이 일했던 농장의 주인이었다. 잔은 무엇이든 절대 놓치지 않는 소총으로 휘파람새를 쐈다. 휘파람새가 덤불에 떨어지자 농장주는 가시투성이인 숲으로 들어가 새를 찾기 시작했다. 그때 잔이 바이올린을 켰다. 그러자 농장주는 신비한 힘에 사로잡힌 듯 덤불 속에서 춤을 추었고 온몸에 가시가 찔려 상처를 입었다. 농장주는 잔에게 돈을 줄 테니 제발 바이올린을 멈춰달라고 빌었다. 이후 농장주는 잔을 고발했고 그는 사형을 선고받는다. 교수대에 올라가자 잔은 절대 거역할 수 없는 말로 바이올린을 연주하게 해달라고 부탁했다. 잔이 바이올린을 켜자 모두가 지칠 때까지 춤을 멈출 수 없었다. 결국 판사는 잔에게 무죄를 선고하며 풀어주었고 잔은 두 보물을 가지고 고향

으로 돌아갔다.[12]

음악은 의지와 상관없이 사람을 뭔가에 열중하게 만드는 힘이 있다. 위 이야기에서는 음악의 힘이 사람들을 춤추게 했다. 음악과 춤은 떼려야 뗄 수 없는 관계다. 태고 때부터 사람들은 음악을 들으며, 좀 더 단순하게 말하자면 리듬을 타며 춤을 췄다. 두 번째 이야기에서 잔은 음악의 힘과 함께 언어의 힘도 손에 넣었다. 음악과 언어의 힘은 계통이 같다. 이렇게 음악과 관련된 신화와 옛날이야기를 모으고 보니 역시나 음악은 '질서에서 무질서'로 이행하게 만드는 힘을 가진 듯 보인다. 하지만 이와 정반대로 '무질서에서 질서'로 이동하게 만들 때도 있다. 『구약성서』 '사무엘 상'에는 다음과 같은 이야기가 나온다.

사울이라는 이스라엘 왕이 있었다. 그는 신의 명령에 따르지 않는 바람에 신이 보낸 악령으로 고통받았다. 그리하여 리라 연주에 뛰어난 다윗이 사울을 모시며 악령이 사울에게 다가올 때마다 리라를 연주했다. 다윗의 연주 덕분에 사울은 건강을 되찾았다.[13]

악령의 방문은 현실 세계에 다른 세계의 존재가 침입함을 의미한다. 이는 현세와 이계(異界)의 경계가 불분명해진 '무질서'한 상태를 뜻하는데 다윗의 연주가 악령을 내쫓은 덕분에 다시 질서를 되찾았다고 풀이할 수 있다.

그리스의 '리라'와 비슷한 현악기로는 한국의 '거문고', 일본의 '고토(琴, 가야금과 비슷한 일본의 전통 현악기로 몸통과 13~17개의 줄, 기둥으로 이루어져 있다-옮긴이)' 등이 있다. 일본 신화에서 고토는 신의 계시를 받을 때 중요한 역할을 한다. 신화학자 요시다 아쓰히코는 오호쿠니누시(大国主)가 스사노오가 있는 저승세계, 네노쿠니에서 도망칠 때 고토가 매우 중요한 역할을 맡았다고 한다.

저승 세계에 도착한 오호쿠니누시는 밀실에서 스사노오 머리의 이를 잡아야 하는 시련에 부딪힌다. 오호쿠니누시는 스사노오가 잠들자 그의 머리카락을 갈라 천장 서까래에 묶고 거대한 바위로 방문을 막아놓았다. 그리고는 스사노오의 딸 스세리비메를 업고 그의 보물인 칼, 활과 화살, 아메노메고토(天沼琴)를 가지고 지상으로 도망쳤다. 그러나 가는 도중에 고토가 나무에 닿자 지면이 흔들릴 정도로 커다란 소리가 울려 퍼졌다. 그 바람에 깨어난 스사노오는 묶

여 있는 머리카락을 풀고 오호쿠니누시를 쫓아 이승과 저
승의 경계인 요모쓰히라사카까지 따라오지만 이미 멀리
달아난 오호쿠니누시를 보며 그의 행복을 빌어준다.

"가지고 간 칼과 화살로 형제들을 물리치고 국토의 주인이
되어라. 나의 딸 스세리비메를 본처로 맞이하여 훌륭한 궁
전을 세우도록 해라, 이 자식아!"[14]

　이승으로 돌아온 오호쿠니누시는 스사노오의 말대로
여덟 형제를 물리치고, 스세리비메를 본처로 맞이해 지상
세계인 아시하라노나카쓰쿠니(葦原中国)의 지배자가 되었
다. 따라서 스사노오가 요모쓰히라사카에서 한 말은 오호
쿠니누시를 위해 왕권 확립의 절차를 적확하게 예언하고
지령을 내린 동시에 이를 이뤄낼 것임을 미리 보증하고 약
속한 그야말로 신통한 신의 계시를 의미한다.

　고토의 소리 때문에 스사노오가 잠에서 깨는 장면은 영
국 민화 『잭과 콩나무』의 내용과 유사하다. 잭은 콩나무를
타고 올라가 하늘에 사는 거인의 집에 간다. 처음에는 금화
한 꾸러미를, 두 번째는 황금알을 낳는 닭을, 세 번째에는
스스로 연주하는 하프를 훔쳐 오지만 하프를 훔쳐 달아나
는 도중에 하프가 "주인님!" 하고 외치는 바람에 들켜서 거

인에게 쫓긴다.

아무래도 악기에는 신과 영혼을 부르는 힘이 있는 모양
이다.

신비로운 세계로 안내하는 악기

『나니아 연대기』와 『파우스트』

악기가 이계와 현세를 잇고 뭔가를 불러내는 역할을 하는 이야기는 현대 작품에도 있다. 아동문학 『나니아 연대기』 '4장 캐스피언 왕자'에서는 주인공 네 남매 중 장녀 수잔이 갖고 있는 뿔 나팔에 대해 다음과 같이 설명한다.

"이것은 수잔 여왕이 가지고 있던 마법의 뿔 나팔로 황금 시대가 끝날 무렵 여왕이 이곳 나니아에서 사라질 때 남긴 것입니다. 전설에 따르면 이 뿔 나팔을 불면 반드시 도움을 줄 이들이 나타난다고 하는데 정확히 어떤 일이 생길지는 아무도 모릅니다. 어쩌면 루시 여왕, 에드먼드 왕, 수잔 여왕, 피터 제왕을 옛날 세계에서 불러오는 힘이 있어서 그분들이 나타나 모든 것을 바로 잡아줄지도 모릅니다. 또 어쩌면 아슬란 님까지 부를 수 있을지도 모르지요."¹⁵

실제로 이 뿔피리는 현실 세계에 있던 네 남매를 나니아 나라로 불러들인다. 『나니아 연대기』에서 음악은 중요한 소재로 등장한다. '1장 마법사의 조카'에서는 사자의 모습을 한 나니아의 창조주 '아슬란'의 노래가 세상을 만드는 내용이 나온다. 어둠 속에서 아슬란은 노래를 불렀다. 현실 세계에서 나니아 나라로 넘어온 소년 디고리는 그의 노래를 들었다. 낮은음에 가사도 마디도 없었지만 세상 그 어떤 노래와도 비교할 수 없을 만큼 아름다웠다. 이어서 책에서는 이 노래에 대해 다음과 같이 묘사한다.

그때 놀라운 일 두 가지가 동시에 벌어졌다. 하나는 그 목소리에 느닷없이 수많은 다른 목소리가 뒤섞인 것이다. 셀수 없을 만큼 많은 목소리였다. (중략) 다음에는 머리 위에 떠 있던 어둠이 갑자기 수많은 별로 타오르듯 빛났다는 것이다. (중략) 새로운 별들이 나타나고 수많은 목소리가 뒤섞인 것은 완전히 동시에 일어났다. 만일 여러분이 디고리처럼 이 광경을 직접 눈과 귀로 보고 들었다면 노래하는 이들은 틀림없이 별들이고, 별들을 만들고 그들에게 노래를 부르게 한 이는 처음 들려온 목소리, 깊은 노랫소리의 주인공이라는 사실을 조금도 의심하지 않고 마음으로 느꼈을 것이다. (중략) 동쪽 하늘은 백색에서 연한 붉은빛으로 다시 붉은색에서 황금빛으로 변했다. 그 목소리는 점점 더 커져서 공기가 파르르 떨릴 정도였다. 그리고 목소리가 이제껏 낸 적 없던 가장 강력하고도 장엄한 울림으로 변한 순간 태양이 우뚝 솟아올랐다.[16]

위 이야기에는 별들이 아슬란의 목소리에 맞춰 함께 노래하는 장면이 나오는데 비슷한 장면이 괴테의 『파우스트』에도 있다. 『파우스트』 1부의 '천상의 서곡'에서 태양과 별은 스스로 음악을 연주한다.

태양은 옛 음악의 가락을 연주하고
형제인 별의 무리와 경쟁하듯 노래하며
천둥 같은 발걸음으로
정해진 여정을 따른다.[17]

중국에서도 음악은 신화적 세계의 시작과 관련된다. 어머니의 뱃속에서 12년이나 있다가 태어난 복희(伏羲)는 뱀의 몸에 사람의 얼굴을 가졌는데, 그가 처음으로 고금(古琴, 중국의 전통 악기로 '칠현금'이라고도 불린다. 고구려 음악가 왕산악이 고금을 개량하여 만든 것이 거문고다-옮긴이)을 만들었다고 한다. 또 중국에서는 공자(孔子)가 음악과 관련이 깊다. 공자는 특히 고금 연주를 즐겼다.

> 한가로운 오후, 공자가 자신의 방에서 고금을 연주했다. 이를 들은 두 제자는 평소와 다르게 선생님의 연주가 어둡고 음울하자 의아하게 생각했다. 마음속에 사리사욕과 탐욕이 가득할 때나 나올 법한 연주였다. 선생님께 오늘 무슨 일이라도 생긴 건지 궁금해진 두 제자는 공자의 방으로 갔다. 제자들의 질문에 공자는 이렇게 대답했다.
> "조금 전에 고양이가 쥐를 잡으려는데 그 모습을 보고 내 연주로 응원을 해주었다네."[18]

공자는 미신을 멀리하던 인물이었지만 사실 이 이야기는 다분히 신화적 요소를 내포하고 있다. 고금 소리로 고양이를 응원하는 행동은 음악에 신비한 힘이 있음을 전제했기 때문이다. 리라 연주로 오르페우스가 나무를 움직이고, 안피온이 돌을 움직여 성벽을 쌓은 이야기와 마찬가지로 공자의 고금 연주 역시 신화적으로 표현됐다고 해석할 수 있다. 음악은 신화와 민화 등에서 인간과 신들의 마음을 움직일 뿐 아니라 자연과 동물과도 교감하는 힘을 지닌다. 그리고 악기는 때때로 사람을 억지로 춤추게 하는 강제력을 행사한다. 그중에서도 리라나 고토와 같은 현악기는 『구약성서』에서는 악령을 물리치는 역할을 하는 한편, 일본 신화에서는 신을 부르기 위한 신성한 도구로 쓰이는 등 정반대의 능력을 발휘한다. 하지만 어느 쪽이든 현실 세상이 아닌 이계에 영향을 미쳤다는 점은 동일하다. 또한 신화에서 악기나 노랫소리는 현세와 이계를 이어주기도 하고 세상을 창조하기 위한 신성한 힘으로 작용하기도 한다.

현대사회에는 음악이 넘쳐난다. 거리에 나가든 가게에 들어가든 끊임없이 음악이 흘러나온다. 게다가 원하면 언제든지 음악을 들을 수 있다. 집에 있을 때는 물론이고 회사나 학교에 갈 때도 스마트폰만 있으면 손쉽게 음악을 들을 수 있다. 어쩌면 현대인들은 지나치게 음악이 넘쳐나는 세상에 살아서 음악이 지닌 신비로운 힘에 대해 무감각해졌을지도 모르겠다. 하지만 음악 소리는 원래 그 자체로 특

별하고 신이나 악마와도 통하는 힘이 담긴 신성하면서도
신화적인 존재다.

신화에 숫자 3이 자주 나오는 이유

숫자에도 신비한 힘이 있다

언어와 음악과 마찬가지로 사람들은 숫자에도 신비한 힘이 있다고 믿어왔다. 일본에서는 전통적으로 숫자 '8'이 길조를 뜻하며 가장 큰 수로 표현된다. 그래서인지 스사노오가 야마타노오로치를 퇴치하는 신화에도 8이 많이 나온다. 일단 야마타노오로치는 머리와 꼬리가 여덟 개씩 달린 거대한 뱀이다. 또 오로치에게 산의 신 아시나즈치와 데나즈치의 딸이 한 명씩 잡아먹히는데 이때 딸들은 모두 여덟 명으로 구시나다히메가 마지막 여덟 번째 딸이다. 그녀를 스사노오가 구하고 결혼할 때 읊은 시에도 8이 끊임없이 나온다.

여덟 구름이 피어올라

이즈모*를 여덟 겹으로 둘러쌌네

아내를 지켜주려고

여덟 겹의 울타리를 만들었네

여덟 겹의 울타리를

한편 세계의 신화나 민화에는 숫자 3이 자주 나온다. 모험을 떠나는 삼 형제, 머리가 셋 달린 괴물, 세 가지 부탁 중 하나를 골라 선물하는 요정 등 헤아릴 수 없을 만큼 많다. 일본의 옛날이야기에는 『신기한 부적 세 장』처럼 비장의 카드 세 장을 가지고 주술의 힘을 써서 괴물에게서 도망치는 부류의 이야기가 많다. 숫자 3이 마치 꼬리표처럼 이야기에 붙어 다닌다. 그런데 대체 왜 3일까? 이 질문에 대한 대답은 인도 신화에서 찾을 수 있다. 인도에서는 3을 가장 중요한 숫자로 여긴다. 인도의 고대어인 산스크리트어는 뜻이 같은 명사와 형용사라도 성(性)·수(數)·격(格)에 따라 모양이 달라진다. 이에 따라 '수'는 한 개의 사물을 나타내는 단수, 두 개의 사물을 나타내는 양수(兩數), 세 개 이상을 나

---

* 스사노오가 야마타노오로치를 물리치고 나라를 세운 곳으로 현재는 일본 시마네현의 도시 이름이다. 일본 고대 신화와 관련된 명소가 많다−옮긴이

타내는 복수로 나뉜다. 다시 말해 산스크리트어 문법에서 '3'은 가장 작은 단위의 복수인 셈이다. 미국의 인도 학자 웬디 도니거(Wendy Doniger)는 산스크리트어에서 '3'은 '완전함'을 의미한다고 했다. 인도의 신화나 사상에서도 3은 자주 언급된다. 인도 신화에 나오는 숫자는 모두 3을 기반으로 한다고 봐도 좋다. 예를 들면 다음과 같은 이야기가 있다.

선녀 우르바시(Urvashi)를 아내로 맞이한 푸루라바스 (Pururavas) 왕은 어느 날 인드라 신을 만나기 위해 하늘나라에 갔다. 그곳에는 인간의 모습을 한 다르마(의무 · Dharma), 아르타(재산 · Artha), 카마(욕망 · Kama)가 있었다. 푸루라바스 왕은 아르타와 카마를 무시한 채 다르마에게만 경례했다. 이에 화가 난 아르타와 카마는 왕에게 저주를 내렸다.

카마의 저주로 푸루라바스 왕은 아내였던 선녀 우르바시와 헤어진다. 이후 온갖 고생 끝에 겨우 우르바시를 데려오지만 이번에는 아르타의 저주에 걸려 탐욕에 빠진다. 왕은 네 개의 신분(인도의 카스트 제도를 의미함-옮긴이)을 지닌 사람들에게서 돈을 훔친다. 왕에게 돈을 도둑맞은 브라만들은 제사를 올리지 못해 분노하고 의식에 쓰이는 날카로운 풀로 만든 칼날로 왕을 살해한다.[19]

　　의무를 뜻하는 '다르마'와 재산을 뜻하는 '아르타', 욕망을 뜻하는 '카마'는 인도 철학에서 추구하는 인간의 세 가지 목표로, 보통 하나로 묶어 부른다. 인도에는 이외에도 세 가지 요소가 한데 묶여 하나의 관념을 구성하는 예가 또 있다. 인도의 고대 경전 『아타르바 베다(Atharva-Veda)』와 『찬도기아 우파니샤드(Chandogya Upanishad)』에 나오는 '구나(guna)'라는 개념이다. 구나란 만물을 구성하는 세 가지 성질을 가리킨다. 여기에는 사트바(sattva), 라자스(rajas), 타마스(tamas)가 있는데 사트바는 높은 이상을 추구하는 맑고 차분한 기운을, 라자스는 뜨겁고 공격적인 기운을, 타마스는 어둡고 게으르며 무기력한 기운을 말한다. 사트바를 우리가 추구해야 할 가장 바람직한 성질로 타마스를 가장 경계해야 할 성질로 보는데 인간이라면 누구나 이 세 가지 요소를 모두 갖추고 있다고 한다. 사트바의 기운이 강한 사람은 사후에 천계로 갈 수 있으며, 라자스의 기운이 강한 사람은 다시 인간으로 태어나고, 타마스의 기운이 강한 사람은 동물로 환생한다고 한다.

　　인도 신화에는 이보다 더 유명한 삼위일체 개념이 있다. 바로 '트리무르티(Trimurti)'라고 불리는 삼신일체설이다. 삼신은 창조의 신 브라마, 유지의 신 비슈누(Vishnu), 파괴의 신 시바(Shiva)를 말한다. 브라마가 창조한 세계를 비슈누가 관리하고 최후의 시기가 오면 시바가 파괴한다는 것이 힌두교의 근본적인 교의로 하나의 우주를 지배하는 최고의 원리가 삼신으로 모습을 탈바꿈했다고 본다. 이처럼 인도 신화와 사상의 바탕에는 3이라는 안정된 숫자가 있다. 세계의 신화나 민화에 3이 자주 등장하는 이유도 동일한 현상으로 풀이할 수 있지 않을까.

더 나아가 인도에서는 3에 1을 더해 '4'의 가치관을 표현하기도 한다. 앞서 예로 들었던 인생의 3대 목표인 다르마, 아르타, 카마에는 '모크샤(해탈 · Moksha)'라는 개념이 하나 더 붙는다. 살아 있는 동안 다르마, 아르타, 카마를 이루면 죽어서 윤회의 굴레에서 벗어나 해탈에 이른다는 내용이다. 인도의 유명한 신분 제도도 처음에는 세 종류였는데 하나가 더해져서 넷이 됐다. 우리가 보통 카스트 제도라고 부르는, 좀 더 정확하게 말하면 바루나 제도를 말한다. 위에서부터 바라문(산스크리트어로는 브라만), 크샤트리아, 바이샤, 수드라로 나뉘는데 바라문은 사제 계급, 크샤트리아는 귀족·무사 계급, 바이샤는 생산자, 수드라는 상위 세 계급을 받드는 신분을 뜻한다. 처음에는 위에 세 계급만 존재했는데 여기에 인도의 원주민이 수드라로 추가되면서 네 개로 바뀌었다.

숫자 4를 말하자면 '유가'라고 불리는 힌두교적 시대 구분도 빼놓을 수 없다. 크리타 유가로 시작해서 트레타 유가, 드바파라 유가, 칼리 유가로 이어지는 네 개의 시대는 반복되는 우주의 존속기간을 뜻하는 개념이다. 유가가 진행됨에 따라 점점 살기 힘든 세상이 되고 사람들의 성품도 나빠진다고 한다. 다만 여기서는 나중에 하나가 추가된 게 아니라 처음부터 네 개로 구분되었을 확률이 높다.

가장 아름다운 여신은 누구일까

트로이권 전설의 3기능 체계설

3은 신화학의 학설에서도 중요한 위치를 차지한다. 머리말에서 말했듯이 나의 스승 요시다 아쓰히코의 스승인 프랑스 대학자 조르주 뒤메질이 세운 유명한 학설 중에 '3기능 체계설'이 있다. 3기능 체계란 계층화된 세 개의 기능이 세계를 성립하고 유지한다고 보는 시각인데 인도·유럽어족에 공통하는 특유의 관념이다. 뒤메질은 이 세 개의 기능을 1기능, 2기능, 3기능이라고 이름 붙였다. 각각의 기능이 담당하는 역할은 다음과 같다.

- 1기능: 신성함과 이로써 보장되는 법률과 왕권에 관한 영역

  (신성)
- 2기능: 주로 전쟁에서 쓰이는 힘에 관한 영역 (전투력)
- 3기능: 부와 풍요, 아름다움과 평화, 다산(多産) 등 다양하게

  세분화, 주로 생산과 관련된 영역 (풍요)

실제 신화에서는 3기능 체계가 어떻게 표현되는지 쉬운 예를 하나 들어보겠다. 그리스 신화는 중심인물과 내용에 따라 여러 권역으로 나뉘는데 그중 가장 큰 서사시 권역이 '트로이권'이다. 트로이권 전설은 인간과 신들이 한데 모여 싸운 대규모 전쟁에 관한 서사시다. 이 전설의 중심 소재인 트로이 전쟁은 어떤 사건으로 촉발되었을까.

천상에서 여러 신들이 모인 가운데 바다의 신 네레우스의 딸 테티스와 인간 펠레우스의 결혼식이 성대하게 치러졌다. 하지만 불화의 여신 에리스는 결혼식에 초대받지 못했다. 화가 난 에리스는 복수할 마음으로 '가장 아름다운 여신에게'라고 적힌 황금 사과를 식장에 던졌다. 여신들은 서로 사과를 갖겠다고 다투다가 마지막에 남은 세 여신, 헤라, 아테나, 아프로디테는 제우스에게 심판을 부탁했다. 제

우스는 고민 끝에 양을 기르며 살고 있던 트로이 왕자 파리스에게 판결을 맡겼다. 파리스를 만나기 위해 이데산으로 간 세 여신은 그에게 각각 자신만의 특별한 선물을 제시한다. 헤라는 세상을 지배할 수 있는 권력을, 아테나는 모든 전쟁에서의 승리를, 아프로디테는 세상에서 가장 아름다운 아내를 얻게 해주겠다고 약속한 것이다. 결국 파리스는 아프로디테를 선택하고 아프로디테는 메넬라오스의 아내 헬레네를 유괴하도록 파리스를 돕는다. 이것이 트로이 전쟁의 시초가 되었다.[20]

또 다른 이야기에서는 세 명의 여신이 자신의 지위와 성격을 보여주는 모습으로 파리스 앞에 나타나기도 한다. 헤라는 최고신 제우스의 왕좌를 내세우며, 아테나는 투구를 쓰고 한 손에 창을 들고서, 아프로디테는 정욕을 불러일으키는 요염한 자태로 아무런 무기도 없이 등장한다. 위 이야기를 정리하면 다음과 같다.

- 헤라(최고신 제우스의 아내, 신들의 여왕) : 세계를 지배할 수 있는 권력
  → ①기능
- 아테나(전쟁의 여신) : 모든 전쟁에서의 승리 → ②기능

◦ 아프로디테(미와 사랑의 여신) : 세계에서 가장 아름다운 여인

→

이를 보면 세 여신과 각각의 선물은 3기능 체계에 따른 분류에 딱 들어맞는다.

돈도 힘도 아닌 요들송을 선택한 남자

독일 민화

독일, 오스트리아, 스위스에서 전해오는 민화에도 앞의 장에서 소개한 파리스처럼 각각 기능이 다른 세 가지 선택지중 하나를 고르는 이야기가 있다. 알프스 지방의 민요 '요들송'의 기원이 담긴 독일 민화다.

어느 날 밤 목동 레스는 오두막에서 세 명의 요정이 치즈만드는 모습을 보았다. 요정들은 세 개의 통에 유장(우유로 치즈를 만들고서 남은 액체)을 나눠 담았는데 첫 번째 통에 든 유장은 빨간색, 두 번째는 녹색, 세 번째는 하얀색이었다. 요정들은 레스에게 세 유장 중 어떤 것을 먹겠냐고 물었다.

"빨간색 유장을 먹으면 당신은 누구에게도 지지 않을 만큼
강해질 거예요."

한 요정이 말하자 다른 요정이 이어서 말했다.

"녹색 유장을 고르면 황금을 손에 넣고 부자가 될 거예요."

그러자 마지막 세 번째 요정이 말했다.

"하얀색 유장을 마셔요. 그러면 당신은 멋진 요들송을 부를
수 있답니다."

레스는 처음 두 제안을 거절하고 하얀색 유장을 선택하여
세계 최고의 요들송을 부르게 되었다.[21]

요들송은 신비한 힘을 지녔다고 한다. 숲속의 모든 동
물이 요들송을 부르는 사람 앞에 모여 복종한다거나, 요들
송을 부르면 오두막의 테이블과 의자가 춤추고 암소가 뒷
다리로 서서 몸을 흔든다는 이야기도 전해진다. 성질 나쁜
암소도 요들송을 불러주면 우유를 짤 때 얌전하게 협조한
다는 말도 있다. 레스의 이야기를 3기능 체계에 따라 정리
하면 다음과 같다.

- 하얀색 유장 – 마술적 힘 → (1기능)
- 빨간색 유장 – 물리적 힘 → (2기능)

앞서 설명한 3기능 체계와 정확하게 일치한다. 파리스와 레스의 선택을 비교해보자. 파리스는 3기능에 해당하는 '미녀'를 고른 결과 거대한 전쟁을 야기했다. 아프로디테의 도움으로 스파르타의 왕비 헬레네를 유괴한 일이 전쟁의 씨앗이 되었기 때문이다. 반면 레스는 1기능인 '요들송'을 골라 성공했다. 셋 중 가장 좋은 '마술적 힘'을 손에 넣었기 때문이다. 사실 3기능 체계에서 각 기능이 지닌 가치는 동등하지 않다. 1기능이 가장 가치가 높고 다음이 2기능이며 3기능이 가장 열등하다. 이런 관점에서 보면 파리스는 1기능을 선택해야 했다. 그랬다면 전쟁은 일어나지 않았을 것이다. 신화학에서는 파리스의 선택을 이렇게 해석하기도 한다.

토르의 망치 '묠니르'에 얽힌 비밀

북유럽 신화와 인도 신화

3기능 체계는 인도·유럽어족의 여러 신화에서 삼위일체를
이루는 보물로도 등장한다. 먼저 북유럽 신화부터 살펴보
자. 스노리의 '시 창작법'에는 장난의 신 로키가 대장간을
운영하는 난쟁이 도베르그족에게 신들의 보물을 만들게
했다는 이야기가 나온다.

하루는 로키가 장난삼아 토르의 아내 시프의 황금 머리칼
을 싹둑 잘라버렸다. 토르는 로키를 협박해서 물건을 만드
는 난쟁이족 도베르그에게 시프의 가발을 만들도록 했다.
난쟁이 이발디의 아들들은 머리에 얹는 순간 살에 달라붙

어 떨어지지 않고 진짜 머리카락처럼 자라는 가발을 만들었다. 그리고 이와 함께 어딜 가든 돛에 순풍이 불어 전진하는 배 스키드블라드니르와 절대 적을 놓치지 않는 창 궁니르도 만들었다. 세 보물을 본 로키는 다른 난쟁이인 브로크와 에이트리에게도 이 이야기를 꺼내며 앞서 만든 세 보물만큼 훌륭한 보물을 만들 수 있겠냐며 경쟁심을 부추겼다. 그러자 두 난쟁이는 9일 밤마다 자신과 똑같은 무게의 팔찌 여덟 개를 만들어내는 드라우프니르와 하늘에서든 바다에서든 그 어떤 말보다 빨리 달리는 황금빛 돼지 굴린부르스티, 절대 적을 놓치지 않으며 동시에 부서지지 않는 망치 묠니르를 만들었다. 로키는 토르에게 시프의 머리카락과 묠니르를, 오딘에게 궁니르와 드라우프니르를, 프레이에게 스키드블라드니르와 굴린부르스티를 바쳤다. 신들은 묠니르를 최고의 보물로 정했다.[22]

이 이야기에는 삼위일체의 보물 두 세트가 나온다. 여기서는 나중에 만들어진 보물, '드라우프니르, 굴린부르스티, 묠니르'에 주목하여 각각의 특징을 살펴보자. 우선 최강의 무기인 묠니르는 뒤메질이 말한 3기능 체계에서 2기능에 해당한다. 전투에 능한 토르에게는 빼놓을 수 없는 보물이다.

　다음은 풍요의 신 프레이가 소유한 황금 돼지다. 돼지는 한 번에 새끼를 많이 낳아서 다산과 풍요를 상징한다. 따라서 생산성을 나타내는 3기능의 신 프레이에게 잘 어울린다. 또한 돼지는 탈것이기도 하다. 풍요로움을 전파하며 다니는 프레이는 주로 지상에서 활약하기 때문에 하늘 위로 올라가 천계에 있어 봤자 소용이 없다. 따라서 지상을 맘껏 돌아다닐 수 있는 돼지는 프레이의 특징을 잘 표현해 주는 보물이기도 하다.

　오딘의 보물 드라우프니르는 해석이 조금 복잡하다. 여기서는 9일 밤마다 같은 무게의 팔찌 여덟 개를 만들어낸다는 점에 주목해야 한다. 앞서 설명했듯이 인도·유럽어족에게 9는 특별한 의미를 지니는 숫자로 출발지에서 도착지로 한 바퀴 돌아왔음을 뜻한다. 따라서 이는 왕권의 갱신을 상징한다. 오딘의 드라우프니르는 숫자 9와 깊이 연관되기에 그 자체로 왕권의 갱신을 의미하므로 왕권에 관한 영역인 1기능에 해당하는 보물로 풀이할 수 있다. 세 가지 보물의 기능을 정리하면 다음과 같다.

- (1기능) 신성 – 최고신 오딘의 팔찌
- (2기능) 전투력 – 전쟁의 신 토르의 망치
- (3기능) 풍요 – 풍요의 신 프레이의 돼지

북유럽 신화에서처럼 세 명의 신이 세 기능을 관장하며 각각을 상징하는 삼위일체의 보물을 소유한 이야기는 인도에도 있다. 브라만교의 성전으로 인도에서 가장 오래된 종교 문헌인 『리그 베다』에는 셋이 함께 물건을 만드는 신 '리부'가 나온다. 이 삼신은 인드라가 소유한 머리가 두 개 달린 밤색 말과 아슈빈쌍신의 말 없이도 달리는 마차, 브리하스파티가 지닌 불사의 영약 암리타가 나오는 소를 만든 공적을 인정받아 신들의 세계로 들어갈 수 있었다. 전쟁의 신 인드라의 보물은 말이다. 말은 인도·유럽어족 신화에서 전투용 마차를 끄는 동물로 3기능 체계에서 2기능인 전투력을 의미한다.

브리하스파티는 산스크리트어로 '기도의 신'을 뜻한다. 즉 브리하스파티는 종교와 관련된 1기능에 해당하는 신이다. 브리하스파티가 소유한 소는 신들에게 반드시 필요한 불사의 음료 암리타를 만들어내는 '신성한 소'다. 이는 1기능의 가장 큰 특징인 '신성'을 표현한다. 아슈빈쌍신은 외모가 똑 닮은 쌍둥이 신이다. 겉모습이 매우 비슷해서 둘의 차이는 거의 알려져 있지 않고 항상 행동도 같이한다. '쌍둥이'는 생산성을 상징하므로 3기능을 나타내는 지표다. 풍요를 전파하며 돌아다녀야 하는 아슈빈쌍신에게는 탈것이 필요하므로 마차를 보물로 가지고 있다. 위 내용을 정리하면 다음과 같다.

- (1기능) 신성 – 브리하스파티의 소
- (2기능) 전투력 – 인드라의 말
- (3기능) 풍요 – 아슈빈쌍신의 마차

역시 이번에도 깔끔하게 세 기능에 딱 들어맞는다.

세계 신화 속 숨겨진 세 개의 보물

켈트, 스키타이, 그리고 일본

켈트 신화에도 3기능 체계에 대응하는 보물이 있다. 그 보물의 유래에 관한 이야기를 살펴보자.

다나 신족은 아일랜드섬에 도착했을 때 네 개의 보물을 가지고 있었다. 첫 번째 보물은 '리아 팔'이라고 불리는 운명의 돌이다. 마땅히 왕위에 오를 만한 자가 이 돌을 만지면 크게 소리를 지른다고 한다. 나머지 세 개는 신들이 소유한 보물이다. 끝없이 음식이 나오는 다그다의 가마솥, 끝이 다섯 갈래로 갈라진 루의 창, 한번 찔린 자는 살아남지 못한다는 누아다의 검이다.[23]

여기서 운명의 돌에 대한 해석은 다소 분분하지만 원래
는 '정당한 왕'을 선별하는 역할을 담당했다고 한다. 따라서
왕권과 관련 깊은 보물이다. 이를 3기능 체계에 맞춰 정리
하면 다음과 같다.

- (1기능) 신성 – 운명의 돌
- (2기능) 전투력 – 창과 검
- (3기능) 풍요 – 가마솥

이란계의 유목민 스키타이에도 이와 비슷한 보물 이
야기가 전해진다. 스키타이인은 자신들의 신화나 전설
을 기록하지 않았기에 고대 그리스의 역사가 헤로도토스
(Herodotos)가 쓴 『역사』(기원전 5세기경 헤로도토스가 고대 세계를 여
행한 후 각지의 이야기를 모아 수록한 총 아홉 권의 역사서-옮긴이)에서 그
이야기를 찾을 수 있다.

리폭사이스, 아르폭사이스, 콜락사이스라는 삼 형제가 있
었다. 이들이 스키타이의 지배자였던 시절 하늘에서 황금
으로 된 보물이 떨어졌다. 그것은 쟁기와 멍에(말이나 소의 목
에 얹는 구부러진 막대-옮긴이), 도끼, 그리고 잔이었다. 이를 처

음 발견한 만형이 보물에 다가가자 보물은 불을 내뿜으며 그를 거절했다. 다음은 둘째가 다가갔지만 결과는 똑같았다. 마지막으로 막내가 다가가자 불이 사그라들어 보물을 가져올 수 있었다. 그리하여 형제들은 막내를 왕위에 올리기로 합의했다.[24]

위 이야기에서 나오는 세 개의 보물, 농기구(쟁기와 멍에)와 도끼와 잔은 실제로 스키타이 왕족에게 대대로 전해지며 신성시되었다. 또 매년 한 번씩 보물에 성대한 제물을 바치는 제례까지 치러질 정도로 신과 동등하게 받들어진다. 세 개의 보물 중 쟁기와 멍에는 함께 쓰이는 농기구로 한 묶음으로 볼 수 있으며 이는 농업·생산과 관련된 일을 상징한다. 무기인 도끼는 전투력을 나타내며 잔은 종교와 밀접하게 연관된 그릇이다. 인도와 이란에서 잔은 소마 혹은 하오마라고 불리는 신성한 음료를 담는 그릇으로 제사에 꼭 필요한 도구였다. 스키타이 왕들은 즉위할 때 여신 앞에서 신성한 음료를 잔에 담아 마시는 의례를 올렸다고 한다. 세 개의 보물을 정리하면 다음과 같다.

- ⟨1기능⟩ 신성 – 잔
- ⟨2기능⟩ 전투력 – 도끼
- ⟨3기능⟩ 풍요 – 쟁기와 멍에

이처럼 인도·유럽어족 신화에 나오는 세 가지 보물은 대부분 뒤메질의 3기능 체계설로 해석이 가능하다. 2019년 10월 22일 일본에 새로운 왕이 즉위했다. 이에 따라 다양한 의식이 치러졌는데 이때 세 가지 보물, 즉 '삼종신기(三種神器)'가 새 왕에게 넘겨졌다. 일본 창세 신화에 기원을 둔 삼종신기는 황실에서 대대로 전해 내려오며 지금도 극진히 받들어진다. 삼종신기도 인도·유럽어족에서 내려오는 삼위일체의 보물과 성격이 매우 흡사하다.

삼종신기 중 첫 번째 보물인 칼은 의심할 여지 없이 전투 기능을 상징한다. 그다음 거울은 아마테라스의 신체(神体, 신의 영혼이 깃들어 있다고 보는 대상-옮긴이)로서 이세신궁에서 보관 중인데 신도(神道, 선조나 자연을 숭배하는 일본 고유의 토착 신앙, 신도의 신을 모시고 제사를 지내는 곳이 신사다-옮긴이)의 제사에서 중심 역할을 하는 만큼 신성한 영역인 1기능을 상징한다. 세 번째 보물인 구슬은 설명이 조금 복잡하다. 『고사기』에 따르면 이자나기가 아마테라스에게 '미쿠비타마'라는 구슬

목걸이를 주었다고 하는데 미쿠비타마가 '미쿠라타나'라는 신의 다른 이름이었다는 설이 있다. 또한 미쿠라타나는 곡식 창고의 선반에 모셔두는 이나다마(稲魂, 쌀 안에 깃들어 있는 신-옮긴이) 신을 표현한 말이라는 이야기도 있다. 즉 미쿠비타마이자 미쿠라타나는 벼농사로 대표되는 농업 생산 기능과 관련이 깊다. 다시 말해 구슬은 농업과 관련된 3기능을 상징하는 것이다. 이를 정리하면 다음과 같다.

- (1기능) 신성 – 거울
- (2기능) 전투력 – 칼
- (3기능) 풍요 – 구슬

삼종신기는 일본에서만 전해져오는 보물이 아니다. 알고 보면 전 세계는 삼위일체의 보물로 긴밀히 이어져 있다.

삶과 죽음,
그 사이의 여성

IV

すごい神話

신화에서 활약하는 여신과 여신의 힘을 지닌 여성을 살펴보면 석기시대 때부터 이어져 내려온 여성의 질긴 명맥을 확인할 수 있다. 그리고 그 힘은 현대에도 여전히 살아 숨쉬고 있다. 지금부터는 시간을 초월한 여신의 명맥을 더듬어 가 보자.

최초의 여성, 이브

죄와 속죄

그리스 신화의 판도라를 모르는 사람은 없을 것이다. 판도라는 신들을 거역하고 인간의 편에 선 프로메테우스를 벌하기 위해 만든 여자다. 우리에게는 '판도라의 상자'라는 표현으로 더 친숙하다. 모든 악의 근원이라는 의미가 담긴 판도라의 상자는 원래 상자가 아니라 항아리였는데 번역하는 과정에서 오류가 있었다고 한다. 그런데 이 판도라가 최초의 여자였다는 사실은 모르는 이들이 더 많다. 판도라는 온갖 고통과 재앙을 몰고 온 장본인이자 놀랍게도 인류 최초의 여성이었다. 재앙을 몰고 온 여자라고 하면 『구약성서』의 이브를 빼놓을 수 없다. 이브 역시 인류 최초의 여성이었다. 이에 관한 이야기를 살펴보자.

하나님은 흙으로 최초의 인간 아담을 만들었다. 그리고 동쪽에 있는 에덴동산에 아담을 두고 그곳에 온갖 나무가 자라도록 했다. 동산 한가운데에는 생명의 나무와 선악을 알게 하는 나무도 있었다. 하나님은 "동산에 있는 모든 나무의 열매를 먹어도 좋으나, 선악을 알게 하는 나무의 열매는 절대 먹지 마라. 먹으면 죽음에 이르느니라." 하고 당부했다. 하나님은 또 아담을 돕도록 여러 동물을 만들었다. 그리고 마지막에는 아담을 재운 후 갈빗대 하나를 떼어 여자를 만들고는 아담의 아내로 삼았다. 아담과 그의 아내는 모두 벌거벗었지만 부끄러워하지 않았다. 하나님이 만든 들짐승 중에 가장 간교한 것은 뱀이었다. 뱀이 여자에게 말했다.
"하나님이 동산에 있는 모든 나무의 열매를 먹어서는 안 된다고 하더냐?"
여자가 뱀에게 대답했다.
"동산에 있는 모든 나무의 열매를 먹어도 좋지만 중앙에 있는 나무의 열매는 절대 먹지도 만지지도 말라 하셨어요. 목숨을 잃는다고요."
뱀은 그 나무의 열매를 먹으면 하나님처럼 선악을 알게 된

다며 여자를 꼬드겼다. 결국 여자는 탐스러워 보이는 선악
과나무의 열매를 따 먹고 아담에게도 먹였다. 그 순간 두
사람은 벌거벗은 모습이 부끄러워져 무화과나무 잎을 엮
어 허리에 둘렀다. 이 모습을 본 하나님은 두 사람이 금기
를 어겼음을 알고 그들과 뱀에게 벌을 내렸다. 뱀에게는 평
생 땅을 기어다니는 저주를 내렸고 인간과 영원히 적대적
인 관계로 만들었다. 아담에게는 흙으로 돌아갈 때까지 이
마에 땀을 흘려야만 먹을 것을 얻을 수 있도록 했다. 여자
에게는 출산의 고통을 주고 힘들게 아이를 낳고 남편에게
지배받는 운명을 내렸다.

아담은 여자를 이브(히브리어로 생명을 의미함)라고 불렀다. 그
녀가 모든 생명의 어머니였기 때문이다. 전능하신 하나님
은 아담과 여자에게 가죽옷을 지어 입혔다. 하나님은 이들
이 한 번 더 손을 뻗어서 생명의 나무 열매마저 따 먹고 영
원한 생명을 누릴까 봐 낙원에서 내쫓았다. 이브는 아담과
동침하여 카인과 아벨을 낳았지만 카인은 아벨을 죽이고
추방당했다. 이후 이브는 셋을 낳았고 이 아이가 후세대를
이었다.[1]

이브는 최초의 여성으로 그녀에게서 인류가 탄생했다.

하지만 이브는 뱀의 꼬임에 넘어가 금단의 열매를 먹은 죄
를 지은 여자다. 또한 그녀에게서 태어난 인간들 역시 그녀
의 죄를 등에 업고 있다. 이브로 인해 잃어버렸던 모신(母
神)에 대한 신앙심은 성모 마리아 덕분에 다시 살아난다.

　기독교에서 숭배하는 성모 마리아의 가장 큰 특징은 동
정녀라는 점이다. 그녀는 처녀인데도 어머니라는 모순적
인 역할을 맡고 있다. 마리아가 처녀가 아니라면 예수는 하
나님의 아들일 수 없기 때문이다. 2세기에 쓰인《야고보의
원복음서(Protevangelium of James)》에는 다음과 같은 이야기가
나온다.

　　다윗 가문의 자손 마리아가 열두 살이 되자 대사제 자카리
　　아는 예루살렘 신전에서 마을의 홀아비들 중 한 명을 마리
　　아의 남편으로 삼으라는 천사의 계시를 받는다. 요셉의 지
　　팡이에서만 비둘기가 나와 그의 머리 위에 앉자 요셉이 마
　　리아의 남편이 되었다. 목수였던 요셉은 약혼자 마리아를
　　집에 두고 장기간 일을 하러 떠났다. 요셉이 없는 동안 마
　　리아는 집에서 신전에 드리울 휘장을 짜고 있었는데 천사
　　가 나타나 그녀가 "주님의 말씀에 따라" 혹은 "살아계신 하
　　나님의 은총으로" 임신하였음을 알렸다. 이때 마리아는 열

여섯 살이었다. 아우구스투스가 내린 칙령에 따라 호적 등록을 위해 베들레헴으로 가는 도중 마리아가 산기를 느끼자 요셉은 마리아를 동굴로 데려간 뒤 히브리인 산파를 찾았다. 산파는 마리아가 예수를 낳은 후에도 처녀성을 잃지 않자 놀라 동굴 밖에서 만난 살로메에게 이 사실을 전한다. 하지만 살로메는 "내 손가락을 넣어서 마리아의 상태를 직접 확인하기 전까지는 처녀가 출산했다는 사실을 믿지 못하겠다."라고 말했다. 살로메가 마리아의 몸속에 손을 넣자 갑자기 불타오르듯 뜨거워졌다. 잠시 후 천사가 나타나 갓난아기를 안으면 괜찮아질 거라고 말해 그대로 하자 살로메의 손이 나았다.[2]

이브는 죄를 지은 여자였다. 먹어서는 안 되는 열매를 처음으로 먹고 아담에게도 먹였다. 이와 달리 마리아는 처녀성을 유지한 덕분에 죄에서 벗어났다. 로마 말기 기독교 신학자 성 히에로니무스(Saint Jerome)는 두 사람을 다음과 같이 표현했다.

"이브가 이 세상에 죽음을 퍼뜨렸다면, 마리아는 생명을 가져왔다."[3]

예수의 제자인가, 아내인가
『다빈치 코드』

막달라 마리아

기독교에는 유명한 마리아가 한 명 더 있다. 바로 막달라 마리아(Magdala Maria)다. 예수의 말과 행동을 기록한 문서인 기독교 복음서에 따르면 막달라 마리아는 예수의 사형을 지켜보고 그의 부활을 처음으로 목격했을 뿐 아니라 이를 제자들에게 알린 최초의 사도였다고 한다. 또 2세기경 성립된 그노시스주의(유대교와 초기 기독교 종파 사이에서 시작된 종교적 사상으로 교회의 전통, 권위에 대항하여 개인적인 영적 지식을 강조했다-옮긴이) 복음서에 따르면 막달라 마리아는 깊은 신앙심으로 보이지 않는 것을 보는 환시자이자 예언자로서 강력한 힘을 가진 존재였다고 한다.

그녀가 죄를 지은 여성으로 인식되기 시작한 건 6~7세기경 대교황 그레고리우스 때였다. 그레고리우스는 막달라 마리아를 『루카 복음서(Gospel According to Luke)』에 등장하는 '죄 많은 여자'와 동일 인물로 보았다. 바리새인 집에서 예수의 발밑으로 달려들어 눈물로 발을 적시고 머리카락으로 닦은 뒤 입맞춤을 하면서 죄를 씻으려 한 여자 말이다. 이를 통해 막달라 마리아에게는 죄를 짓고 뉘우친 후 예수를 따르며 그의 죽음과 부활을 지킨 여성으로서의 이미지가 확립되었다. 그리고 이즈음에 이르러서 막달라 마리아의 정체성을 대표하는 '죄와 회개'의 모티브가 등장했다.

막달라 마리아에 관한 대담한 해석을 바탕으로 쓰인 소설이 미국의 유명 작가 댄 브라운의 『다빈치 코드』다. 동명의 영화로도 제작되어 전 세계적으로 큰 인기를 끌었다. 시대를 초월하여 신화를 표현해낸 작품 『다빈치 코드』에는 어떤 비밀이 숨겨져 있을까. 『다빈치 코드』는 틀림없는 픽션이지만 서두에 다음과 같은 글귀가 있어서 물의를 일으킨 바 있다.

'이 소설에 등장하는 미술품, 건축물, 문서, 비밀 의식에 대한 모든 묘사는 정확한 사실에 토대를 두었다.

(All descriptions of artwork, architecture, documents, and secret rituals in this novel are accurate)*

솔직히 말하자면 이 문장은 정당하지 않다. 책에서 다룬 내용들은 여러 가지 설이 존재해서 어느 하나가 완벽한 '사실'이라고 단언할 수 없기 때문이다. 다만 이 글귀를 포함한 소설 전체가 매우 매력적인 작품이라는 사실은 틀림없다.

주인공의 이름은 로버트 랭던으로 하버드대 종교 기호학과 교수다. 영화에서는 톰 행크스가 연기했다. 그가 파리에 머무를 때 루브르 미술관 관장 자크 소니에르가 살해당한다. 프랑스 경찰은 조언을 구한다는 명목으로 랭던을 살인 현장으로 부르지만 사실 그를 용의자로 의심하고 있었다. 하지만 살인 누명을 뒤집어쓴 랭던이 체포당하기 직전 암호해독관 소피 느뷔가 그를 구한다. 소피는 살해된 소니에르의 손녀였다. 두 사람은 현장에서 달아나 성배의 비밀과 관련된 음모를 풀어나간다. 소설에서 언급된 내용들을 여기서 하나하나 검증하기는 어렵지만 한 가지 매우 흥미로운 해석이 있어 소개하고 싶다. 작품의 핵심 소재인 성배에 관한 해석이다. 그 내용을 항목별로 요약하면 다음과 같다.

- 잔, 식기, 그릇은 '자궁'을 상징한다.
- '성배'는 여성과 여신을 의미한다.
- 기독교에서 성배는 그리스도의 씨를 받아들인 여성,
  즉 막달라 마리아를 말한다.

『다빈치 코드』에서는 막달라 마리아를 그리스도의 아내로, 다시 말해 예수가 결혼을 했다고 설정한다. 교회에서는 이 사실을 은폐하기 위해 그녀를 '성배'라는 암묵적 상징으로 전해왔고 비밀 조직이 이를 수호했다. 예수가 결혼을 했다는 해석 자체는 댄 브라운의 온전한 창작물은 아니다. 이는 마이클 베이전트, 리처드 레이, 헨리 링컨이 1982년에 발표한 『성혈과 성배』(The Holy Blood and The Holy Grail, BBC 방송 프로그램을 위한 취재를 기반으로 한 책)에 나온 내용을 바탕으로 한다.

댄 브라운은 여기에 막달라 마리아가 '성배' 그 자체를 의미한다는 해석을 더하면서 그녀를 신격화했다. 그런 의미에서 이 소설은 현대에 쓰인 신화라고 볼 수 있다.

처녀이자 어머니, 생명이자 죽음인 신

아르테미스

그리스 신화에도 성모 마리아처럼 처녀이면서 동시에 어머니인 존재가 나온다. 바로 아르테미스(Artemis)다. 그녀는 보통 달의 여신으로 알려져 있지만 원래는 짐승을 지배하는 자로 황금 화살을 들고 다니며 사냥을 하는 여신이었다. 깊은 산속이나 늪지대처럼 인간이 쉽게 발 들일 수 없는 땅의 주인으로 결혼하지 않은 처녀 혹은 소녀의 신이자 이와 모순되는 출산의 신이기도 하다. 아르테미스의 탄생 신화를 살펴보자.

티탄 족의 여신 레토는 신들의 왕 제우스와 관계를 맺고 임신을 했다. 만삭이 되자 아이 낳을 곳을 찾아다녔지만 어느 곳에서도 장소를 내주지 않았다. 늘 그랬듯이 질투심에 사로잡힌 제우스의 아내 헤라가 모든 땅과 섬에 아이를 낳게 도와주지 말라고 명령했기 때문이었다. 하지만 바다에 떠다니던 작은 섬 델로스가 레토를 받아주었고 그녀는 무사히 아이 둘을 낳았다. 처음에는 아르테미스가 다음에는 아폴론이 태어났다. 눈부시게 아름다운 쌍둥이였다. 이후 델로스섬은 아폴론과 아르테미스의 성지로 받들어졌다.[4]

이렇게 제우스의 딸로 태어난 아르테미스는 소녀들을 지켜주는 여신을 자처하며 함께 다니는 님프들에게도 순결을 지키도록 가르쳤다. 이와 관련된 잔혹한 이야기도 있다.

칼리스토는 아르카디아족의 왕 리카온의 딸이자 님프였다. 그녀는 평범한 소녀들과 달리 실을 잣거나 천을 짜는 일에는 흥미가 없었고 몸단장이나 장신구에도 관심이 없었다. 그저 흰 끈으로 머리를 질끈 묶고 창과 활을 들고 산과 들을 누비며 아르테미스 여신 곁에서 사냥하기를 즐겼다. 이에 아르테미스는 그녀를 매우 아꼈다. 한편 하늘에서 칼리스토의 모습을 본 제우스는 그녀에게 강한 욕정을 느꼈다.

어느 여름날 지친 칼리스토가 혼자 나무 그늘 아래에서 낮잠을 자고 있자 제우스가 재빠르게 발견하고는 아르테미스로 변신해서 그녀에게 다가갔다. 순진했던 칼리스토는 아무것도 모른 채 여신에게 수줍어하며 애정을 드러냈지만 제우스가 본모습을 보이자 놀라 두려움에 떨었다. 결국 제우스는 그녀를 욕보였다.

이후 칼리스토는 사냥에도 흥미를 잃은 채 우울한 날들을 보냈다. 한참이 흐르고 칼리스토는 다시 아르테미스와 함께했지만 결국 비밀이 탄로 나고 말았다. 칼리스토가 제우스에게 강간당한 지 아홉 달이 지났을 무렵이었다. 숲속 연못에서 목욕을 하던 아르테미스는 함께 온 님프들에게도 옷을 벗고 목욕을 하자고 권했다. 그리고 머뭇거리던 칼리스토에게도 목욕을 강요했다. 칼리스토의 부른 배를 본 아르테미스는 험악한 얼굴로 그녀에게 폭언을 쏟아냈다.

"어디 멀리 가서 사라져버려! 이 맑은 물을 더럽힌 자는 내가 용서하지 않겠어!"

불쌍한 칼리스토는 결국 마음을 다해 사랑했던 무리에서 쫓겨나고 말았다. 게다가 질투심 많은 제우스의 아내 헤라도 이 사실을 알고는 칼리스토가 아들을 낳자 직접 찾아가 온갖 모욕을 준 뒤 그녀를 곰으로 만들어버렸다.[5]

칼리스토에게 보인 아르테미스의 냉정함은 사실 그녀의 본성이기도 하다. 아르테미스를 예찬한 『호메로스의 찬가』(고대 그리스 시인 호메로스가 쓴 신들의 이야기가 담긴 33편의 찬가집-옮긴이)에서도 그녀의 본모습을 엿볼 수 있다.

아르테미스 여신을 노래하자.

황금의 화살을 손에 들고 사냥감을 쫓으며 소리치는 여신,

사슴을 사냥하고 화살을 쏟아붓는 거룩한 처녀 신,

황금의 칼을 찬 아폴론의 진짜 누이를.

여신은 깜깜한 산속과 세찬 바람이 부는

산꼭대기를 누비며 사냥을 즐기고,

황금의 활을 힘껏 끌어당겨 신음하는 화살을 쏜다.

그러면 산꼭대기는 정신없이 흔들리고

울창하게 우거진 숲에는

짐승들의 울부짖는 소리가 음산하게 울려 퍼지고

대지와 바다도 부르르 전율한다.

용맹한 심장을 가진 아르테미스 여신은

들짐승을 쓰러뜨리며

종횡무진 이곳저곳을 뛰어다닌다.[6]

산짐승들의 주인인 아르테미스는 '생명'을 관장하는 여신이지만 사냥을 한다는 점에서는 '죽음'을 초래하는 존재기도 하다. 그러면서도 스스로는 소녀이자 처녀이기를 원한다. 또한 유명한 에페소스(터키에 있는 고대 도시, 세계 7대 불가사의인 아르테미스 신전이 있다-옮긴이)의 아르테미스 상을 보면 알수 있듯이 그녀는 무수히 많은 유방을 가진 모신이기도 하다. 처녀이자 어머니였던 성모마리아처럼 아르테미스도 처녀이면서 어머니라는 모순적인 역할을 맡고 있다. 대체누가 이러한 모순적인 역할을 성모 마리아와 아르테미스에게 부여했을까. 여성을 향한 남성들의 원망이 반영된 걸까, 아니면 여성들 사이에서 자발적으로 생겨난 상징일까.

소녀의 시간은 때때로 거꾸로 흐른다

데메테르와 페르세포네

아르테미스는 처녀이자 어머니인 여신이었다. 그리스 신화에는 이처럼 소녀와 어머니의 일체성을 강하게 보여주는 이야기가 하나 더 있다. 『호메로스의 찬가』 중 「데메테르 찬가」에 나오는 어머니 데메테르(Demeter)와 딸 페르세포네(Persephone)에 관한 이야기다. 데메테르는 대지의 어머니이자 수확의 여신이며 페르세포네는 씨앗과 봄의 여신이다.

어느 날 페르세포네는 어머니 데메테르와 떨어져 목장이 있는 언덕에서 꽃을 따고 있었다. 그곳에 성스럽게 빛나는 수선화 한 송이가 눈에 띄었다. 사실 그것은 제우스의 명령에 따라 대지가 피워낸 유혹의 꽃이었다. 페르세포네가 그 꽃을 따려 하자 갑자기 땅이 두 갈래로 갈라지더니 저승의 왕 하데스가 말을 끌고 나타났다. 하데스는 저항하는 페르세포네를 억지로 붙잡아 어두운 지하 세계로 끌고 갔다. 페르세포네는 새된 비명을 지르며 아버지 제우스에게 도움을 요청했지만 애초에 모든 일은 제우스가 꾸민 짓이었기에 그녀의 목소리가 가닿는 곳은 어디에도 없었다. 다만, 주술의 여신 헤카테와 태양의 신 헬리오스만이 제우스를 애타게 부르는 페르세포네의 목소리를 들었다. 페르세포네의 비통한 울음소리가 산과 바다에 메아리치자 어머니 데메테르의 귀에 닿았다. 데메테르는 찢어지는 가슴을 부여잡고 검푸른 옷을 걸친 채 땅과 바다 위를 샅샅이 돌아다녔다. 그렇게 여기저기를 돌아다니며 씻지도 먹지도 않은 채 딸을 찾아 헤맸다. 열흘이 지나고 데메테르는 헤카테의 안내를 받아 태양신 헬리오스를 찾아갔다. 그리고 헬리오스에게 페르세포네가 저승의 왕 하데스에게 납치당했고 이는 제우스가 꾸민 짓임을 들었다. 데메테르의 가슴은 참을 수 없는 비통함과 분노로 가득 찼다. 이후 데메테르는 신들의 모임에도 참여하지 않고 올림포스 근처에도 가지 않았다. 수척해진 몸으로 인간 세상을 떠돌 뿐이었다.

시간이 흘러 데메테르는 엘레우시스의 켈레오스의 집에서 머물렀다. 그곳에서 언덕 위에 신전을 짓고 매일 앉아서 빼앗긴 딸을 생각하며 슬픔에 잠겼다. 기력이 쇠약해진 그녀는 대지의 곡물을 돌보는 일도 그만두었다. 땅이 피폐해지고 인간들이 굶주림에 시달리자 제우스는 무지개 여신 이리스를 시작으로 여러 신을 데메테르에게 보내 그녀의 마음을 돌리려고 애썼지만 어느 누구도 여신의 분노를 가라앉히지 못했다. 하는 수 없이 제우스는 그의 심부름꾼 헤르메스를 저승에 보내 하데스를 설득시켜 지하에서 페르세포네를 데려와 어머니 곁에 있게 하도록 했다. 하데스도 왕비 페르세포네를 돌려주는 데 동의했지만 지상 세계로 돌아간다는 사실을 알고 왕비의 입에 몰래 석류 한 알을 넣어 먹였다. 결국 이 석류 때문에 페르세포네는 저승과의 연결고리를 완전히 끊을 수 없었다. 그리하여 제우스는 페르세포네가 일 년 중 3분의 2는 어머니와 함께 보내고 남은 3분의 1은 저승에서 살도록 했다. 그리고 신들의 어머니 레아를 데메테르에게 보내 신들이 모여 있는 올림포스로 돌아오도록 설득했다. 분노를 삭인 데메테르는 다시 대지에 열매를 맺게 하고 페르세포네와 함께 올림포스로 돌아왔다.[7]

빼앗긴 딸을 되찾기 위해 필사적이었던 데메테르는 일 년 중 반 정도뿐이지만 딸과 함께 지낼 수 있게 되었다. 이 신화는 긴밀하게 이어진 엄마와 딸의 일체성을 그리고 있 다. 요즘 말로 하자면 '일란성 모녀(한 몸처럼 서로에게 지나치게 의존하는 엄마와 딸을 이르는 말-옮긴이)' 관계다. 사실 원래 데메테 르는 곡물의 여신이고 페르세포네는 곡물의 씨앗 그 자체 였다. 즉 모녀는 태생부터 서로 분리될 수 없는 위치에 있 었다. 좀 더 강하게 말하자면 두 사람은 어머니와 딸로 각 각 독립된 여신이라기보다 두 개의 얼굴을 가진 한 명의 여 신이라고 봐도 무방하다. 이와 관련하여 심리학자 융은 다 음과 같이 말했다.

> 코레(페르세포네)는 일반적으로 엄마이자 소녀인 이중성을 갖고 있다. 다시 말해 코레의 형상은 때로는 엄마로, 때로 는 소녀로 나타난다.[8]

또 융은 '모든 엄마는 딸을, 모든 딸은 엄마를 자기 안에 가지고 있다'고 말해 엄마와 딸의 일체성을 강조했다. 엄마 와 딸이 하나가 되는 데메테르와 페르세포네의 신화에서 드러나듯이 소녀의 시간은 때때로 거꾸로 흐른다고 할 수 있다. 소녀가 곧 엄마이기도 한 것이다. 신화와 심리학에서 제시하는 소녀의 이중성에 관한 견해는 현대에 쓰이는 다양한 소녀의 표상을 해석하는 데 중요한 열쇠가 된다.

아이를 잡아먹는 끔찍한 어머니 신

대지의 여신 가이아의 양면성

여신 특히 어머니 신은 보편적으로 아이를 잡아먹는다. 생명을 만든 핵심 인물인 여신은 자신이 만든 모든 생명에 책임을 지기 위해 이런 끔찍한 일을 저지른다. 낳기만 해서는 세상에 생명체가 넘쳐서 균형이 깨진다. 따라서 생명체를 낳았다면 이와 마찬가지로 목숨을 거둬가야 한다. 잡아먹어서라도 죽음을 만들어야 한다. 이것 또한 여신의 역할이다. 여신은 삶과 죽음이라는 상반된 두 영역을 함께 관장해야 한다. 그 전형적인 예가 『고사기』에 나오는 일본 신화속 대여신 이자나미다.

이자나미는 이자나기와 결혼하여 여러 땅과 신을 낳은 아름다운 여신이었다. 하지만 불의 신을 낳다가 음부에 화상을 입고 죽어 황천으로 떠나자 남편 이자나기가 아내를 되살리기 위해 저승으로 향한다. 저승의 한 저택에서 만난 이자나미는 지상으로 돌아갈 방법이 없을지 황천의 신에게 물어보고 올 테니 그때까지 절대 자신의 모습을 봐서는 안 된다고 당부하고는 집 안으로 들어갔다. 아내의 모습이 너무 궁금했던 이자나기는 그만 참지 못하고 빗살을 하나 떼어 불을 붙이고는 이자나미의 모습을 훔쳐봤다. 아내의 모습은 그야말로 흉측했다. 온몸에는 구더기가 들끓고 천둥신에게 뒤덮여 추하고 징그러웠다. 놀란 이자나기가 달아나자 이자나미는 그 뒤를 쫓았다. 하지만 이자나기가 이승과 저승의 경계인 요모쓰히라사카를 거대한 바위로 막아버리자 이를 사이에 두고 둘은 작별의 말을 주고받았다. 이자나미가 "내가 당신 나라의 사람을 매일 천 명씩 죽이겠어요!"라고 말하자 이자나기는 "그럼 나는 매일 천오백 개의 산실(產室)을 만들겠소!"라고 말했다. 이리하여 인류에게 죽음의 운명이 내려졌다.

살아 있을 때 이자나미는 생명을 낳는 아름다운 여신이

었다. 하지만 죽은 후에는 흉측한 모습으로 변해 인간을 죽이는 죽음의 여신이 되었다. 생명을 탄생시키고 자신이 만든 생명을 다시 잡아먹는 모신이다. 그리스의 태초의 여신 가이아도 마찬가지로 생명을 잡아먹는 여신이다. 세상이 시작될 때 태어난 가이아는 천공의 신 우라노스를 낳고 그와 결혼해서 티탄이라고 불리는 아이들을 얻었다. 하지만 자식들이 모두 괴물로 태어나자 우라노스는 가이아의 배 속으로 아이들을 도로 넣어버렸다. 화가 난 가이아는 아들 크로노스를 시켜 우라노스의 성기를 잘라버렸다. 그리하여 천상 세계의 왕권은 크로노스에게 넘어갔다. 하지만 그의 아들 제우스를 이용해 가이아는 크로노스를 왕위에서 끌어내렸다. 3대째 왕위를 계승한 제우스는 태어날 때부터 가이아의 사랑과 보호를 한 몸에 받았다. 하지만 가이아는 결국 제우스에게도 극심한 증오를 품고 괴물 티폰을 낳아 그를 위협한다.

여신 가이아는 우라노스, 크로노스, 제우스와 같은 자손들에게 애정을 쏟고 감싸주다가도 어느 순간 360도 돌변해서 사랑이 증오로 바뀌고 무시무시한 적으로 탈바꿈하는 양면성을 보여준다. 사랑을 주는 동시에 죽음으로 안내하는 존재인 것이다. 그 양면성이야말로 가이아의 본질이고 나아가 여신들의 본질이다. 이를 고대 그리스의 비극 시인 아이스킬로스(Aeschylos)는 이렇게 정리했다.

"열심히 길러낸 다음에는 다시 씨앗을 거두어들이는 대지(가이아)."[9]

생명을 잡아먹는 여신의 구체적인 행위에 주목하면 인도에도 수라사 여신과 하누만 신에 관한 재미있는 이야기가 있다.

원숭이 신 하누만이 라마 왕자의 아내 시타를 찾기 위해 하늘로 날아오르자 여신 수라사가 흉측하고 무시무시한 악마의 모습을 하고 나타나 그를 잡아먹으려고 했다. 수라사는 하누만의 무예와 용맹함을 시험해보고 싶다는 신들의 의뢰를 받은 참이었다. 하누만이 시타와 라마를 만난 다음에 네 입속에 들어가겠다고 하자 수라사는 "나에게 잡아먹히지 않고 이곳을 지나간 자는 아무도 없었다. 이것은 나의 특권이다."라고 말하며 입을 더 크게 벌렸다. 화가 난 하누만은 몸을 크게 부풀리며 내가 들어갈 수 있을 만큼 입을 더 크게 벌리라고 말했다. 수라사와 하누만은 경

쟁하듯 자신의 입과 몸을 점점 더 크게 만들었다. 수라사
가 입을 100요자나(yojana, 고대 인도에서 쓰던 단위로 1요자나는 약
12~24km를 말한다—옮긴이)로 벌리자 이때다 싶었던 하누만은
거대했던 몸을 줄여서 엄지손가락만큼 작아진 다음 얼른
수라사의 입에 들어갔다가 바로 뛰쳐나왔다. 본래의 모습
으로 돌아온 수라사 여신은 하누만의 지혜와 용맹함을 칭
찬했다.[10]

『라마야나』(Ramayana, 고대 인도의 대서사시 중 하나로 2만 4천 편의
시가 들어 있다. 라마 왕과 시타 왕비에 관한 이야기가 중심이다—옮긴이)에
는 이와 비슷한 이야기가 하나 더 있다.

하누만이 라마 왕자의 아내 시타를 찾기 위해 하늘로 날아
오르자 그의 그림자가 신히카에게 붙잡혔다. 발목을 잡힌
꼴이 된 하누만은 신히카를 보고는 몸을 있는 대로 길게 늘
였다. 이에 신히카도 하늘과 땅에 닿을 만큼 커다랗게 입을
벌렸다. 그러자 하누만은 순간적으로 몸을 축소시켜 신히
카의 입안으로 들어가 날카로운 손톱으로 그녀의 몸을 가
르고 밖으로 나와 원래 크기로 돌아왔다. 죽은 신히카는 물
속으로 가라앉았다.[11]

하누만이 악마 신히카를 물리친 이야기는 그가 수라사 여신과 만난 직후에 벌어진 일이라고 한다. 하누만은 여신 수라사와 악마 신히카의 입속에 들어갔다가 탈출했다. 여신의 몸에 들어가는 행위는 탄생 이전의 상태로 돌아가는 일, 즉 죽음을 의미한다. 결국 이 신화는 하누만의 죽음과 부활에 관한 이야기로 그가 겪어야 할 통과의례를 상징한다. 여신은 배 속에 하누만과 같이 다른 생명체이자 이물을 받아들임으로써 통과의례를 치러주는 역할을 맡은 셈이다. 이처럼 여신이자 모신인 양면성을 가진 여성 괴물들은 신화에서 실제로 생명체를 잡아먹기도 한다.

부부에게도 비밀이 필요하다

인도 신화 '절대 보여주지 말 것'

일본 사람이면 누구나 알 만큼 유명한 「두루미 아내」라는 이야기가 있다. '은혜 갚은 두루미'라는 이름으로도 자주 불린다. 베를 짜러 방으로 들어가는 아내가 절대로 안을 들여다보지 말라고 하지만 남편은 참지 못하고 방 안을 훔쳐보고 결국 아내를 잃는 내용이다. 이처럼 옛날이야기에는 절대 해서는 안 되는 일인 '금지'에 관한 내용이 많은데 이것이 의미하는 바가 또 흥미롭다. 금지에 관한 이야기는 뭔가를 절대 보여주거나 혹은 보면 안 된다는 내용이 특히 많은데 먼저 '보여주면 안 된다'는 금지에 관한 인도 신화부터 살펴보자. 첫 번째 이야기는 「개구리 아내」다.

이크슈바크 가문의 파리크샤트 왕은 연못 근처에서 아리따운 아가씨를 보고 청혼한다. 그녀는 자신에게 절대 물을 보여주지 말라는 조건을 걸고 결혼을 승낙한다. 행복한 시간을 보내던 두 사람은 어느 날 궁에 있는 숲에서 산책을 하다가 정자 근처에서 물이 가득 차 있는 연못을 발견한다. 왕이 들어가라고 명령하자 왕비는 연못에 들어간 후 사라진다. 미친 듯이 왕비를 찾아 나선 왕이 연못의 물을 다 퍼내자 그 안에서 개구리 한 마리가 나왔다. 왕은 개구리가 왕비를 잡아먹었다며 분노하고 모든 개구리를 잡아 죽이도록 명령했다. 수많은 개구리가 무참히 죽어나가자 개구리의 왕은 고행자로 변신해서 파리크샤트 왕에게 다가와 고백했다. 사실 왕비였던 여자는 자신의 딸 스쇼바나인데 인간의 왕을 속이는 나쁜 버릇이 있다고 말이다. 왕은 왕비를 돌려달라고 간곡히 부탁했고 이에 개구리 왕은 딸을 돌려보냈다.[12]

이보다 더 오래된 이야기로 선녀 우르바시와 푸루라바스 왕에 관한 인도 신화도 있다.

선녀 우르바시는 푸루라바스 왕과 사랑에 빠져 결혼했다.

그녀는 결혼할 때 왕에게 절대 벗은 몸을 보여주지 말아달
라고 당부했다. 두 사람은 오랫동안 행복한 시간을 보냈고
어느 날 우르바시는 아이를 임신했다. 이에 질투심이 난 반
신족 간다르바들은 우르바시가 아끼던 새끼 양을 훔쳐 갔
다. 비탄에 빠진 우르바시가 큰 소리로 울자 푸루라바스 왕
은 깜짝 놀라 맨몸으로 달려오고 이때를 노린 간다르바들
은 천둥을 치게 해서 그의 모습을 밝게 비췄다. 결국 우르
바시는 남편의 알몸을 보고 말았고 그 순간 모습을 감추었
다. 반쯤 미친 상태로 아내를 찾아다니던 푸루라바스 왕은
온갖 고난 끝에 겨우 아내를 되찾는다.[13]

첫 번째 이야기 「개구리 아내」부터 살펴보자. 왕비가 된
스쇼바나는 자신에게 절대 물을 보여주지 말라고 했다. 하
지만 그녀는 결국 고인 연못을 마주했고 심지어 왕의 명령
으로 그곳에 들어간다. 물은 스쇼바나가 소속된 세상을 상
징하는데 이를 보여주지 말라는 건 어떤 의미였을까. 스쇼
바나는 자신이 원래 있었던 곳인 물속 세계에서 나와 왕과
결혼했다. 물속 세상의 일부분인 물을 보면 자신이 원래 있
어야 할 장소로 돌아가야만 하기에 물을 보지 않음으로써
물속 세상과 인간 세상의 경계를 모호하게 만든 것이다.

다음으로 우르바시는 남편에게 알몸을 보여주지 말라고 당부하며 결혼했다. 이는 결혼에 수반하는 성생활을 드러내서는 안 된다는 의미다. 부부가 되면 당연히 성관계를 맺는데 우르바시는 이를 영위하되 몸의 주요한 부분을 보지 않음으로써 성행위의 의미를 모호하게 만들었다. 이에 따라 우르바시가 원래 속해 있던 천상 세계와 푸루라바스 왕이 속한 인간 세계의 경계도 완전히 드러나지 않고 애매한 상태로 남겨진다. 경계를 모호하게 만들어서 서로 다른 존재의 결혼을 성립시킨 셈이다. 하지만 결국 우르바시는 남편의 알몸을 보고 말았다. 이로써 경계가 부활하고 그녀는 천상 세계로 돌아가야 했다. 스쇼바나는 개구리였고 우르바시는 선녀였듯이 다른 세계에 속한 여성과 인간 남성이 결혼한다는 점에서 두 이야기는 비슷한 구조를 지녔다. 이와 같은 이야기 구조를 '이류혼인담(異類婚姻談)'이라고 부른다. 두 이야기의 내용을 표로 정리해보자.

	‣ 스쇼바나	‣ 우르바시
결혼	여성이 다른 세상에서 옴 (개구리)	여성이 다른 세상에서 옴 (선녀)
금지 사항	물을 보여주면 안 됨	알몸을 보여주면 안 됨

금지의 의미	물속 세계와 인간 세계의 경계를 모호하게 만듦	선녀와 인간의 성생활을 모호하게 만듦
이별	금기를 어겨서 물속 세계로 돌아감	금기를 어겨서 하늘나라로 돌아감
재회	재회해서 다시 결혼 생활을 이어 나감	재회해서 행복한 결말을 맞이함

두 신화에서 나온 금지 사항을 다르게 표현하면 스쇼바나는 자신이 속한 세계의 일부분을 보여주지 말라는 것이었고, 우르바시는 남편이 속한 세계의 일부분을 보여주지 말라는 것이었다. 한쪽은 다른 세상의 것을, 다른 한쪽은 인간 세상의 것을 금지했다는 점에서 서로 상반된다. 하지만 둘 다 결혼을 계기로 아내의 소속이 모호해졌고 이것이 금기를 깨뜨리면서 밖으로 드러나자 일단 이별을 맞이한다는 설정은 똑같다. 아내의 정체와 남편의 알몸이라는 점은 다르지만 둘 다 부부 중 한쪽의 비밀을 감춰야만 결혼이 성립되고 이를 어기면 결혼 생활은 끝나고 만다는 내용이다.

절대 입을 열지 말 것

중국 신화 '생사를 관장하는 별'

앞에서는 이류혼인담에 등장하는 금지를 다루었다. 금지
의 의미를 좀 더 깊이 생각해 보기 위해 이번에는 중국에서
전해지는 '생사를 관장하는 별'에 관한 이야기를 살펴보자.

한 소년이 보리를 베고 있는데 관로라는 박식한 남자가 다
가와 말했다.

"네 수명은 고작해야 스무 살까지구나. 어쩌면 그 전에 끝
날지도 모르겠어."

이를 들은 소년은 황급히 집으로 돌아가 아버지에게 알렸
다. 아버지는 소년과 함께 말을 타고 관로의 뒤를 쫓아 그

를 따라잡았다. 말에서 내린 아버지와 아들은 관로에게 공손히 인사하며 아들의 수명을 늘릴 방법을 알려달라고 간절히 애원했다. 관로는 술과 말린 사슴 고기를 준비해두면 내일 낮에 다시 오겠다고 말한 뒤 떠났다. 약속대로 다음날 점심 때가 되자 관로가 찾아와 소년에게 말했다.

"어제 보리를 베던 곳에서 남쪽으로 가면 커다란 뽕나무가 있을 게다. 거기서 바둑을 두는 두 남자를 보면 입을 꾹 다문 채 술을 따르고 고기를 내주면서 시중을 들도록 해라. 혹시라도 두 사람이 뭔가를 물어도 절대 입을 열어서는 안 되고 가만히 머리만 조아려야 한다."

관로가 알려준 대로 뽕나무 근처에 가자 진짜 두 남자가 바둑을 두고 있었다. 소년은 가까이 가서 열심히 시중을 들었다. 두 사람은 바둑에 열중하느라 술을 마시고 고기를 집어 먹으면서도 소년을 보지 못했다. 이윽고 바둑이 끝나자 북쪽에 앉아 있던 남자가 문득 고개를 들어보니 모르는 소년이 곁에 있자 엄하게 꾸짖었다.

"어째서 여기에 있는 게냐!"

소년은 그저 머리만 조아릴 뿐 아무 대답도 하지 않았다. 그러자 남쪽에 앉아 있던 남자가 북쪽 사람을 타이르며 소년에게 대접을 받지 않았느냐며 장부를 받아 들었다. 거기에는 '조나라의 아들, 수명 19세 전후'라고 쓰여 있었다. 남쪽 사람은 1과 9 사이에 앞뒤를 바꾼다는 뜻의 S자 기호를 적어 넣었다.

소년은 두 사람에게 "네 수명은 이제 91세까지 연장되었다."는 말을 듣고 몇 번이나 머리를 조아리며 감사를 표했다. 그리고 서둘러 집으로 돌아와 기다리고 있던 관로에게 알렸다. 관로가 말하길 북쪽에 앉아 있던 사람은 북두성, 남쪽에 앉아 있던 사람이 남두성인데 남두성은 인간의 생명을, 북두성은 인간의 죽음을 다루는 별이라고 했다. 원래 인간이 세상에 태어난 것은 모두 남두가 북두에게 부탁한 덕분이며, 뭔가 부탁할 일이 있으면 모두 북두성에게 말한다고 전했다.[14]

이 이야기에 나오는 바둑에는 여러 의미가 담겨있다. 바둑판은 이 세상 자체를 가리키며 바둑판 위에 놓인 흑과 백의 바둑돌은 세계를 구성하는 음과 양의 기운을 뜻한다. 즉 바둑을 두는 동작은 천체의 움직임과 지상 위에서 벌어지는 인간의 일을 상징한다. 북두성과 남두성은 세상을 관장하는 행위로 바둑을 두고 있었던 것이다.

소년이 시중을 들 때 한 가지 지켜야 할 약속이 있었다.

바로 절대 입을 열어서는 안 된다는 규칙이다. 북두성과 남두성은 세상을 움직이는 신성한 행위에 집중하고 있었다. 이때 속세에 속한 존재인 소년이 입을 열었다가는 신성함 속에 속세의 것이 끼어드는 꼴이 된다. 그래서 절대 입을 열어서는 안 되었다. 소년은 이를 잘 지켰고 그 덕분에 다가올 죽음을 피할 수 있었다. 신성함의 반대는 더러움이 아니다. 속된 것, 즉 우리가 영위하는 일상을 뜻한다. 이와 같은 평범함이 신성한 영역을 침범해서는 안 된다. 이 점이 여기서는 입을 열어서는 안 된다는 금지로 표현됐다.

지금까지 인도와 중국 신화에서 나오는 '금지'의 의미를 살펴보았다. 인도 신화에서 나온 '보여주면 안 된다'는 금기는 이류혼인 상황에서 부부의 경계를 흐릿하게 만드는 역할을 했다. 반면 중국 신화에서 나온 '입을 열어서는 안 된다'는 금기는 신성한 영역과 속된 영역의 경계를 확실하게 긋는 역할을 했다. 결국 금기는 경계를 모호하게 만들거나 확실하게 만든다. 신화 속 금지의 의미를 하나로 정리할 수는 없겠지만 금지가 어떤 '경계'와 관련되어 있다는 사실 만큼은 확실해 보인다.

절대 눈을 뜨지 말 것

세계 신화 '절대 보지 말 것'

음악가 오르페우스는 요절한 아내 에우리디케를 되살리기 위해 저승으로 가고 그곳에서 저승의 왕과 왕비인 하데스와 페르세포네의 허락을 얻어 아내를 지상으로 데려가게 되었다. 단, 반드시 지켜야 할 규칙이 있었다. '태양 빛을 보기 전까지 절대 뒤를 돌아봐서는 안 된다'는 것이었다. 하지만 오르페우스는 아내가 걱정되는 마음에 지상에 막 도착하기 직전 뒤를 돌아보고 말았다. 그러자 에우리디케의 모습은 순식간에 사라졌다.[15]

여기서 저승에 있던 에우리디케는 당연히 죽은 자이고

오르페우스와는 속한 세계가 다른 존재다. 그런 아내의 모습을 지하 세계에서 본 오르페우스는 의도치 않게 자신이 속한 이승과 아내가 속한 저승의 선을 분명하게 그어버리면서 경계를 재구축했다. 그 때문에 에우리디케는 죽은 자의 세계에 남겨지고 오르페우스는 혼자서 지상으로 돌아와야만 했다. 무언가를 봤기 때문에 양자의 차이가 결정적으로 드러난 것이다.

다음은 '보면 안 된다'는 금지가 나오는 프랑스 설화 '멜루진(Melusine)'이다.

레몽 기사는 숲에서 만난 아름다운 여성 멜루진과 사랑에 빠져 결혼했다. 이후 멜루진은 땅을 일구고 농사에 필요한 물을 대는 등 남편을 도와 영지를 발전시켰고, 둘 사이에서 태어난 아이들은 여러 지역에 원정을 나가 그곳의 왕이나 군주가 되었다. 결혼할 때 멜루진과 레몽 사이에는 반드시 지켜야 할 한 가지 약속이 있었다. 바로 '매주 토요일에는 아내의 모습을 보면 안 된다'는 것이었다. 하지만 동생에게 안 좋은 소문을 들은 레몽은 어느 날 아내 방에 몰래 구멍을 뚫고 안을 훔쳐봤다. 목욕 중이었던 아내는 놀랍게도 허리 아래쪽부터 뱀의 모습을 하고 있었다. 이후 레몽은 아내를 '뱀녀'라 부르며 모욕하고 멜루진은 뱀이 되어 하늘로 사라져버렸다.[16]

멜루진은 반은 인간, 반은 뱀의 모습을 한 존재였다. 그래서 매주 토요일에 자신이 목욕하는 모습을 보지 말라고 했지만 유혹을 이기지 못한 레몽이 결국 금기를 깨고 말았다. 이로 인해 둘은 헤어진다. 뱀과 인간이 결혼하는 바람에 일시적으로 종족 간의 경계가 허물어졌으나 금기를 어기자 둘은 헤어지고 질서가 바로잡히면서 경계가 재구축되었다. '보면 안 된다'는 금지가 등장하는 이야기를 보면 공통적으로 규칙을 지키는 동안에는 일시적이나마 경계를 초월한다. 하지만 결국 금기가 깨지고 경계가 분명해지면 아슬아슬하게 유지되었던 관계가 끝난다. 다른 세상에서 온 존재는 결국 자신이 있어야 할 원래 장소로 돌아간다. 질서가 바로잡히는 것이다. 금지가 등장하는 이야기에는 이와 같은 '공통적인 법칙'이 있다. 여기에 딱 들어맞는 예로 「휘파람새의 극락정토」라는 이야기가 있다.

옛날 어느 마을 축제 때 예쁜 아가씨가 신사 참배를 갔다.

참배를 끝내고 아가씨가 신사를 나서자 한 젊은이가 이를 지켜보고 있다가 뒤를 밟았다. 한참을 따라가자 아가씨는 대궐같이 크고 으리으리한 집으로 들어갔다. 이에 젊은이는 그 집으로 들어가 길을 잃어버려서 그러니 하룻밤만 재워달라고 부탁했다. 아가씨는 "이 집에는 저밖에 없지만 정 그러시다면 편히 묵고 가세요."라고 말하며 맛있는 음식을 대접했다. 다음 날 여자가 젊은이에게 말했다.

"저는 지금 외출하는 길이니 잠시 집을 좀 부탁드릴게요. 이 집에는 총 열두 개의 방이 있는데 열한 번째 방까지는 마음대로 보셔도 되지만 가장 안쪽에 있는 열두 번째 방에는 절대로 들어가면 안 됩니다."

집을 보고 있던 젊은이는 방을 구경하고 싶은 마음에 순서대로 문을 열며 안을 들여다보기 시작했다. 각 방에는 1월부터 11월까지 그달에 맞는 생생한 계절의 모습이 들어 있었다. 1월에는 정월의 모습이, 2월에는 하쓰우마(2월 첫 오일 동안 이나리 신사에서 열리는 제사─옮긴이)의 풍경이 담겨 있는 식이었다. 열한 개의 방을 다 둘러본 젊은이는 마지막 열두 번째 방에 들어가고 싶었고 마침내 방문을 열어젖혔다. 열두 번째 방에는 매화나무와 한 마리의 휘파람새가 있었다. 젊은이가 넋을 잃고 그 모습을 바라보는데 갑자기 아가씨가 나타났다. 그녀는 "그렇게 보지 말라고 일렀는데 결국 보고 말았군요."라고 말하더니 휘파람새로 변해 날아갔다. 으리으리했던 저택도 한순간에 사라지고 정신을 차리자 젊은이는 어느 산골짜기 밑에서 멍하니 서 있었다.[17]

이 이야기에서 젊은이는 휘파람새가 사는 이계로 잘못 섞여 들어가는 바람에 경계를 뛰어넘지만 봐서는 안 된다고 했던 휘파람새, 즉 여자의 본모습을 본 탓에 경계가 재구축되어 원래 세상으로 돌아온다. 금기를 어기자 경계가 분명해지고 질서가 바로잡힌다는 금지 이야기에 등장하는 법칙과 딱 맞아떨어진다.

그래서 오늘도
신화를 읽는다

V

すごい神話

인도는 신화가 풍부한 나라다. 수많은 신이 있고 그 신들은 여전히 살아 있다. 옛 신화에 나오는 신이 지금도 살아 있는 존재로서 숭배받는 경우는 그리 많지 않다. 어쩌면 인도와 일본뿐일지도 모른다. 이런 측면에서 보면 일본과 인도는 사람들의 기질은 다르지만 어딘가 깊은 곳에서는 닮아 있다.

우리에게 친숙한 인도의 신

베다의 신

인도 신화라고 하면 가장 먼저 힌두교의 최고신 비슈누와 시바, 그리고 대중에게 인기가 많은 크리슈나를 떠올리지 않을까. 이들 신은 지금도 인도와 그 주변 지역에서 숭배받는 살아 있는 신이다. 인도에서 힌두교가 확립되기 이전에는 브라만교가 있었고, 브라만교의 경전인 베다에 나오는 신이 숭배받았다. 말하자면 인도의 옛 종교가 브라만교이고 새로운 종교가 힌두교인 셈이다.

먼저 브라만교와 이와 관련된 신부터 알아보자. 처음 브라만교를 믿었던 이들은 인도 아대륙(현재 인도, 파키스탄, 방글라데시, 네팔, 부탄 등의 나라가 있는 지역으로 인도반도라고도 한다-옮긴이)의 북서쪽에서 내려온 아리아인이었다. 인도·유럽어족에 속하는 아리아인은 현재 아프가니스탄과 파키스탄 국경 근처에 있는 카이바르 고개를 넘어 인도에 들어왔다. 이후 인더스강 상류에 진출하면서 말과 이륜 전차, 청동 무기 등을 사용하여 원주민과 싸웠고 영토를 넓혀 나갔다. 이 무렵 아리아인의 종교를 담은 경전이 『리그베다』다. 기원전 1200년경에 성립된 『리그베다』는 신들을 찬양하는 찬가를 모은 문헌으로 놀랍게도 모든 내용이 입에서 입으로 전승되었다. 인도의 구승 문화는 상상을 초월할 만큼 강인하다.

인더스강 근처에서 살던 아리아인은 기원전 1000~800년경 점차 갠지스강 유역으로 이동했다. 이즈음부터 목축과 농사를 병행하던 생활에서 벗어나 한곳에 정착하여 본격적으로 농사를 짓기 시작했다. 이 시기에 성립된 경전이 제관의 노래를 모은 『사마베다』, 제사에 필요한 문구를 모은 『야주르베다』, 각종 주술을 모은 『아타르바베다』다. 이세 가지 베다는 『리그베다』와 함께 4베다로 불린다. 그리고 이 베다 성전에 절대적인 권위를 부여하고 받들어 모시는 종교가 브라만교다.

브라만교에서는 베다에 기록된 제사 의식을 충실하게 이행하는 것이 매우 중요한 의무라고 생각한다. 만약 제사

장인 브라만이 일출 의식을 게을리하면 태양이 뜨지 않는다고 믿을 만큼 제사가 우주의 운행을 좌우한다고 여긴다. 『리그베다』에서는 전쟁의 신이자 천둥의 신인 인드라, 우주의 질서를 지배하는 물의 신 바루나, 태양의 신 수리야, 하천과 호수의 여신 사라스바티 등 많은 신이 등장한다. 이러한 브라만교의 신이 일본에서도 숭배받는 이유는 불교를 통해 들어왔기 때문이다. 그리고 태양과 관련된 신들이 많이 등장한다. 그중에서도 가장 유명한 신이 수리야다. 다만 수리야는 일정한 생김새와 인격을 가진 신이라기보다는 태양 그 자체를 신격화한 측면이 강해서 신화의 내용도 태양이 보여주는 자연 현상에서 크게 벗어나지 않는다. 태양의 가장 큰 특징은 낮에 항상 만물의 머리 위에 있다는 점이다. 즉 태양은 항상 위에서 인간을 감시하는 존재로 그들의 선행과 악행을 모두 지켜본다.

『리그베다』에 나오는 죽음의 신은 야마(Yama)다. 야마는 최초의 인간이자 최초로 죽음을 맛본 자다. 그가 죽어서 사자(死者)들이 걸어가는 길을 발견했다고 한다. 야마의 죽음 이후 인간은 죽으면 그의 심부름꾼인 개 두 마리의 안내에 따라 사자의 길을 걸어가고, 그 끝에는 야마가 지배하는 하늘나라의 낙원이 있어서 그곳에서 먼저 떠난 이들과 만나

평안하게 산다고 한다.

야마는 그의 누이 야미와의 대화로도 유명하다. 야미는 야마를 유혹하지만 야마는 완강하게 근친상간을 거부한다. 후에 이어진 전승에 따르면 야마는 죽은 자들의 왕이 되고 야미는 야무나강의 여신이 되어 삶을 상징하는 존재가 되었다고 한다. 야마는 불교에서 염라(閻魔)라고 불린다. 염라대왕 하면 무시무시한 지옥의 지배자로 악인을 처벌하는 모습을 떠올리지만 『리그베다』에서 나오는 야마는 이와 달리 사후 세계에 존재하는 낙원의 지배자로 선조들과 함께 하늘나라에서 행복하게 산다. 힌두교로 넘어가면서 야마가 가진 지옥의 지배자로서의 측면이 점차 부각된 것이다. 야마는 저승사자의 역할을 하는 두 마리의 얼룩무늬 개를 끌고 다닌다. 그런데 흥미롭게도 그리스와 이집트 신화의 저승에서도 개가 나온다. 그리스 신화에서는 저승의 입구를 지키는 케르베로스가 나오고 이집트 신화에서는 미라를 만드는 신이자 저승의 수호신 아누비스가 자칼(갯과 동물)의 모습을 하고 있다. 어쩐 일인지 신화의 저승에서는 모두 개가 나온다. 저승과 개는 어떤 상관이 있을까. 이는 개에게 묘지를 어슬렁거리는 습성이 있기 때문이다. 옛날에는 사람이 죽으면 대부분 땅에 묻었는데 웬만큼 땅을 깊게 파지 않으면 개가 와서 파내기 일쑤였다. 이 때문에 묘지와 개가 자연스럽게 이어졌고 그러다 보니 개를 저승 세계와 관련이 깊은 존재로 인식한 것 같다.

브라만교에서 사람들은 베다에 나온 규정대로 제사를 지내면서 신들과 교감한다. 제사에서는 깨끗하게 만든 신성한 음료 '소마'를 불에 부어 신에게 올리고 남은 음료는 제관과 다른 참가자들이 마시는 의식이 가장 중요하다. 이 과정에서 중요한 역할을 맡는 소마와 제식에 쓰이는 불은 신격화되어 신성한 음료 소마 신과 불의 신 아그니로 숭배받기에 이른다. 소마는 제사에 쓰이는 일종의 흥분제로서 원료로 사용되는 풀의 이름이자 이를 신격화한 신의 이름이기도 하다. 소마는 시인이 지닌 힘의 원천이자 인드라 신이 가진 용맹함의 근원으로 여겨진다. 실제로 소마를 어떤 식물로 만들었는지는 확실하지 않다. 한때 마약의 일종인 마황(麻黃)에서 나왔다는 설과 독버섯이 원료라는 말이 나오면서 논란이 되기도 했다. 사실 여부는 알 수 없으나 알코올이 아닌 다른 원료로 만들어진 환각 음료로 추측된다.

시간이 흐르면서 소마는 달의 신으로도 불렸다. 보통 세계 신화에서 달은 '불사'나 '부활'을 상징한다. 일본에서도 마시면 젊어진다는 물 '오치미즈(をち水)'는 달에 있다고

전해진다. 기울어졌다가 차오르기를 반복하는 달의 모습에서 나온 발상이다. 병을 치료한다든지 마시면 죽지 않는다는 믿음 때문에 소마는 자연스럽게 달과 이어졌다. 『리그베다』에서 인드라, 아그니, 소마 다음으로 많이 등장하는 신은 아슈빈이라고 불리는 한 몸으로 태어난 쌍둥이 신이다. 아슈빈쌍신은 젊고 아름다운 신으로 인간의 주인으로 불린다. 또 이들은 의약의 신으로 의술로 기적을 일으킨다. 치야바나라는 이름의 늙은 성선에게 젊음을 되돌려주고 수명을 연장해준 신화가 유명하다.

우주 최고의 신은 누구인가

힌두교의 신화

기원전 6~4세기경 브라만교가 토착민들의 민간 신앙을 흡
수하여 커다란 변화를 맞이하고 여기서 힌두교가 탄생했
다. 불교가 인도에서 깊이 뿌리내리지 못한 데 반해 같은
브라만교를 모체로 성립된 힌두교는 현재도 인도의 주요
한 종교 중 하나로 인정받는다. 힌두교에는 기독교의 『성
서』나 이슬람교의 『코란』처럼 유일하게 받들어지는 성전
은 없다. 그 대신 『마누 법전(Code of manu)』, 『마하바라타』,
『라마야나』, 푸라나 문헌 등 방대한 양의 다양한 성전이 있
다. 『마누 법전』에는 우리가 흔히 말하는 '법률'뿐 아니라
종교의 규정과 제사를 지내는 방법, 사람들이 일상생활에

서 지켜야 할 규정이나 도덕적 규범이 들어 있다. 『마하바라타』는 세계 최대 규모의 서사시로 『일리아스』와 『오디세이』를 합친 분량의 일곱 배나 된다고 한다. 바라타 왕족에서 일어난 왕위 싸움과 이어지는 대전쟁이 중심 주제인데 그 사이사이에 수많은 신화와 전설 및 정치경제, 철학에 관한 방대한 논설이 담겨 백과사전적인 성격을 띤다.

또 다른 인도의 대서사시 『라마야나』는 라마 왕자가 악마에게 유괴된 아내 시타를 찾는 내용이다. 『마하바라타』와 『라마야나』는 인도의 2대 서사시로 불린다. 푸라나는 4세기경부터 10세기경 사이에 만들어진 힌두교의 여러 성전을 총칭하는 말이다. 이처럼 인도에는 신화와 종교에 관한 문헌이 다수 남아 있다. 반면 역사를 기록한 문헌은 적다. 인도인은 역사를 기록하는 데에 큰 관심이 없었다는 점을 알 수 있다. 이는 오래전부터 정확한 역사서를 남기고자 했던 이웃 나라 중국과는 상당히 대조적이다.

힌두교는 다신교로 많은 신을 섬기는데 그 정점에 있는 신이 브라마, 비슈누, 시바다. 이 중에서 비슈누와 시바가 힌두교에서 세력을 양분한다. 비슈누는 베다에도 나오는데 베다에서는 이만큼 중요한 위치를 차지하지는 않는다. 힌두교에서 최고신으로 받들어지는 비슈누의 가장 큰 특징은 산스크리트어로 '아바타라'라고 하는 '화신(化身)'이 있다는 점이다. 우리에게 잘 알려진 영화「아바타」의 제목이 여기서 나왔다. 비슈누는 물고기, 거북이, 멧돼지, 사자 인간, 난쟁이 등으로 변신하여 몇 번이나 위험에 빠진 세상을 구했다. 비슈누의 아바타라는 이외에도 불교의 창시자 붓다나『라마야나』의 주인공 라마 왕자,『마하바라타』에서 활약하는 영웅 크리슈나 등이 있다. 또 미래에 나타나 사람들을 구제한다는 칼키라는 화신도 있다. 칼키는 미래에 중생을 구제한다는 불교의 미륵보살의 영향을 받았다는 이야기도 있다.

시바의 전신은 베다에서 나온 폭풍 신 루드라로 보는데 인더스 문명에서 숭배해온 옛날 신에서 기원했다는 설도 있다. 시바는 양면성을 띤다. 무시무시한 파괴의 신이면서 동시에 상서로운 존재라는 뜻의 그의 이름처럼 길조를 상징하며 자비를 베풀기도 한다. 특히 아이를 점지해주는 신으로도 알려져 있다. 시바를 상징하는 원통형 돌기둥인 '링가'가 남성의 생식기 모양인 점만 봐도 그가 생식의 신임을 알 수 있다. 비슈누 신을 따르는 비슈누파는 비슈누를 유일한 최고신으로 여기고 시바를 따르는 시바파는 시바를 유일한 최고신으로 섬긴다. 이후 사상이 발전하자 사실 비슈누와 시바는 똑같은 우주의 최고 원리가 다르게 발현됐을 뿐이라고 보는 주장이 나온다. 우주의 최고 원리가 먼저 브라마 신으로서 발현되어 우주를 창조하고 다음으로 비슈누 신으로 나타나 우주를 유지하며 마지막으로 시바 신으로 등장하여 모든 걸 파괴한다고 보는 '삼신일체(트리무르티)' 교리가 탄생한 것이다.

영원한 시간을 살아가는 신, 비슈누

비슈누와 시바 중 누가 더 위대할까 ①

그렇다면 비슈누와 시바 중 누가 더 위대할까. 신화에는 비슈누가 더 위대하다는 이야기와 시바가 더 위대하다는 이야기가 섞여 있다. 먼저 비슈누를 지지하는 이야기부터 살펴보자.

신들의 왕 인드라는 숙적이었던 악룡 브리트라를 퇴치하자 자신의 공적에 걸맞은 궁전이 갖고 싶었다. 그는 삼라만상을 만든 신 비슈바카르만을 불러 궁전을 짓게 했다. 비슈바카르만은 즉시 공사에 들어가서 웅장하고 아름다운 궁전을 만들었지만 인드라는 훨씬 더 거대하고 화려한 궁전을 짓길 바랐다. 인드라의 끝없는 요구를 참기 힘들었던 비슈바카르만은 브라마에게 가서 도움을 요청했고 브라마는 비슈누를 찾아갔다. 다음 날 아침 인드라의 궁전에 열 살쯤 되어 보이는 아름다운 소년이 찾아왔다. 인드라가 소년을 큰방으로 안내하고 정중히 대접하며 방문의 이유를 묻자 소년은 미소를 지으며 말했다.

"신들의 왕이여, 저는 당신이 만든 궁전에 관해 묻고 싶어서 찾아왔습니다. 이 건축물이 완성되기까지 앞으로 몇 년이 더 필요하며 비슈바카르만은 얼마나 더 일해야 하는지요. 지금까지 당신처럼 멋진 궁전을 가진 신들의 왕은 없었습니다."

인드라는 소년의 모습을 한 손님이 자신보다 앞서 있었던 왕에 대해 아는 듯이 말하자 이를 이상하게 생각했다. 그때 그들이 대화하던 방 안으로 무수히 많은 개미가 줄지어 들어왔다. 이를 본 소년은 소리 높여 웃더니 이내 입을 꾹 다물었다. 인드라는 소년의 거동에서 말로 표현하기 힘든 신비함을 느끼고는 이렇게 물었다.

"왜 웃는 것이죠? 나를 속이기 위해 소년의 모습을 한 당신은 대체 누구입니까?"

소년은 대답했다.

"내가 웃은 것은 개미를 봤기 때문입니다. 하지만 왜 웃었는지 그 이유는 묻지 마세요. 왜냐하면 그것은 이 세상의 무서운 비밀이기 때문입니다."

소년의 말을 듣고 두려움에 사로잡힌 인드라는 자신을 한껏 낮추며 그 비밀을 알려달라고 부탁했다. 소년은 말했다.

"좀 전에 본 개미 떼 중 한 마리 한 마리의 개미는 모두 전생에서 한 번쯤 신들의 왕, 즉 인드라의 자리에 앉았던 자들입니다. 당신과 같이 그들도 높은 덕으로 한번은 신들의 왕위에 올랐지요. 하지만 이후 여러 번의 생을 반복하는 동안 모두 개미가 되었습니다."

'인드라'라는 말은 한 명의 신을 가리키는 고유 명사인 동시에 '신들의 왕'을 뜻하는 일반 명사이기도 하다. 따라서 '신들의 왕'으로서의 인드라는 길고 긴 시간 속에서 계속 교체되므로 무수히 많은 인드라가 있었다는 말이다. 계속해서 이야기를 살펴보자.

소년의 말을 들은 인드라는 이제껏 찬란한 영광에 휩싸였던 자신이 아무것도 아닌 존재처럼 느껴졌다. 그때 방으로 이상한 행색을 한 남자가 들어왔다. 얼굴은 길게 헝클어진 머리로 덮여 있고 허리에는 양가죽을 두른 그는 고행자처럼 보였는데 가슴에는 털이 동그란 모양으로 수북이 자라 있었다. 털의 가장자리는 빈틈없이 차 있었지만 중심부에는 이미 많은 털이 빠져나갔는지 듬성듬성해 보였다. 인드라가 이상하게 생각하던 차에 소년이 먼저 그에게 누구인지 물었다.

"저는 인드라 님을 찾아뵙고자 온 이름 없는 고행자입니다. 제 명(命)이 참으로 덧없이 짧다는 생각에 집도 일도 없이 결혼도 하지 않고 그저 시주에만 의존해서 살고 있습니다. 제 가슴에 난 털은 깊은 지혜를 담고 있습니다. 털 하나가 빠질 때마다 신들의 왕 한 명이 다스렸던 세상이 끝남을 의미하지요. 이미 반 정도가 빠졌는데 남은 반마저 다 빠지면 창조의 신 브라마의 운명도 끝이 나고 저도 소멸됩니다. 이토록 짧은 생을 가졌는데 아내나 자식, 그리고 집을 갖는 것이 무슨 소용이 있겠습니까. 브라마 신에게 할당된 생명은 비슈누 신이 눈 한 번 깜박이는 시간에 지나지 않습니다. 하물며 브라마 밑에 있는 신들과 인간은 어떻겠습니까. 거품처럼 나타났다 사라질 뿐이지요."

말이 끝나자 고행자의 모습은 온데간데없이 사라졌다. 이 고행자는 바로 시바 신이었다. 시바 신이 모습을 감추자 소년도 동시에 보이지 않았다. 소년은 바로 비슈누 신이었다. 남겨진 인드라는 궁전을 좀 더 멋지게 짓고 싶다는 욕망을 완전히 잃어버렸다. 인드라는 비슈바카르만을 불러 지금까지 한 고생에 대한 보답으로 많은 선물을 주고 그만 돌려보냈다. 이후 인드라는 왕비 샤치와 함께 신들의 왕으로서 임무를 훌륭히 해냈다.[1]

이 신화의 배경에는 인도에서 고도로 발달한 '윤회전생(輪廻轉生)' 사상이 깔려있다. 살아 있는 모든 것은 예외 없이 윤회의 굴레에 갇혀 태어나면 죽고 죽으면 다시 태어나기를 끝없이 반복한다. 신들도, 신들의 왕이라 불리는 인드라도 윤회의 굴레에서 벗어날 수 없다. 이와 같은 윤회 사상 속에서 지금의 현세는 덧없이 짧은 생에 지나지 않는다. 환생은 인도 사람에게 생명의 축복이 아니라 속박이었다. 산다는 것은 끔찍이도 괴로운 일이었다. 따라서 윤회의 굴레 속에 갇히지 않고 빠져나가는 해탈이야말로 인생 최대의 목표다. 비슈누와 시바 중 누가 더 위대한가에 대한 이야기로 돌아가자면 이 신화에서는 생성과 소멸을 반복하는 시바보다는 영원한 시간을 영위하는 비슈누를 더 높은 위치에 있는 신으로 보았다.

시작도 끝도 없는 파멸의 신, 시바

비슈누와 시바 중 누가 더 위대할까 ②

비슈누가 가장 오랜 생을 영위하는 자로서 더 위대하다고 보는 신화가 있는 한편, 시바야말로 진정한 신이라고 보는 신화도 있다. 푸라나에는 시바가 비슈누 위에 있는 최고신임을 재미있게 표현한 신화가 있다.

이 세상이 시작될 무렵 비슈누는 태초의 바다에서 졸고 있었다. 그는 천 개의 머리, 천 개의 눈, 천 개의 다리와 팔을 가지고 있었다. 그런 비슈누를 보자 브라마가 화가 나서 말했다.

"거기서 잠을 자는 게 누구냐."

브라마가 비슈누를 깨우자 비슈누는 뱀의 침대에 걸터앉아 웃으며 부드럽게 말했다.

"브라마 신 아닌가. 무슨 일인가."

브라마가 대답했다.

"나는 세상의 창조와 파멸을 가져오는 신이다. 이 세상의 창조주로 영원하며, 누구에게서 태어난 것도 아닌 우주의 기원 그 자체지. 내가 바로 연꽃의 눈을 가진 세계의 주인이다."

그러자 비슈누가 말했다.

"나야말로 세상을 창조하고 유지하며 파괴하는 신이다. 너는 나의 영원한 몸에서 태어난 자다. 벌써 잊은 게냐. 네가 나를 잊은 것은 마야(산스크리트어로 마력 혹은 환영을 의미함-옮긴이) 때문이다."

두 신의 말싸움이 끝날 기미를 보이지 않자 어디선가 눈부시게 빛나는 기둥 '링가'가 나타났다. 그곳에서는 천 개의 불꽃이 타올랐고 시작도 중간도 끝도 보이지 않았다. 비교할 것도 없고, 이해할 수도 없었다. 비슈누와 브라마는 압도되었다. 비슈누가 말했다.

"이 불꽃 기둥을 조사해 봐야겠다. 내가 기둥 아래로 갈 테니 네가 위로 올라가 봐라."

비슈누는 돼지로, 브라마는 백조로 변신했다. 백조가 된 브라마는 하염없이 위로 날아올랐고 돼지가 된 비슈누는 하염없이 밑으로 내려갔다. 거대하고 까만 돼지로 변신한 비슈누는 코가 길고 하얀색 이빨이 굽어져 있었으며 신음 소리를 냈다. 그는 천 년 동안 아래로 계속 내려갔지만 링가의 끝에는 도달하지 못했다. 마찬가지로 브라마도 천 년 동안 위로 또 위로 날아올랐다. 하지만 아무리 올라가도 끝이 보이지 않자 하는 수 없이 처음에 있던 장소로 되돌아갔다. 지친 비슈누도 이미 돌아와 있었다. 그곳에 링가의 본체 시바 신이 나타났다. 비슈누와 브라마는 시바에게 항복하며 경례했다. 그리하여 시바야말로 이 세상의 시작이자 중간이자 끝인 진정한 신으로 결말이 났다.[2]

링가는 남성의 생식기 형상을 한 기둥으로 시바 신을 상징한다. 신화에서 생식의 힘은 세계를 창조하는 원동력으로 생식기를 상징하는 시바는 최고의 신으로 칭송받는다. 인도에서 링가는 요니와 함께 신성한 물건으로 받들어진다. 요니는 여성의 생식기이자 시바의 아내 사티를 상징하는 물건으로 보통 요니 위에 링가가 우뚝 솟아 있다. 남녀의 결합이야말로 이 세상을 만드는 근원임을 뜻한다.

태초의 사랑

카마, 에로스, 무스히

시바의 링가를 이야기했으니 인도 신화의 사랑에 대해 말해보자. 인도에서 사랑의 신은 카마(Kama)라는 남성 신이다. 굳이 따지자면 사랑보다는 애욕의 신이라고 보는 편이 본래의 의미에 더 가깝다. 카마라는 말 자체가 애욕, 의욕이라는 의미의 산스크리트어이기 때문이다. 카마는 사탕수수대로 만든 활과 꽃으로 만든 화살을 가지고 사람의 심장에 화살을 쏴서 사랑의 감정을 불러일으킨다. 주로 상상 속 바다짐승 '마카라'가 그려진 깃발을 들고 앵무새를 타고 다닌다. 아내의 이름은 쾌락이라는 뜻의 '라티'고, 함께 다니는 친구로는 봄의 신 '바산타'가 있다. 카마는 인도에서 가장 오래된 종교 문헌인 『리그베다』에도 나오는데, 세계가 창조될 때 유일하게 있던 물질에서 처음으로 탄생한 원초적인 존재로 그려진다. 그 내용을 보면 최초의 세상은 깜깜한 어둠과 물로 뒤덮여 있었는데, 그곳에서 '유일한 존재'가 열의 힘으로 탄생하며 최초의 생명이 시작되었고, 그 유일한 물질에서 카마가 나왔다고 한다. 카마, 즉 애욕은 세상의 모든 것보다 뛰어난 초월적인 존재다. 애욕은 새로운 생명이 탄생할 때 동물과 인간에게 절대 없어서는 안 될 힘이기 때문이다. 세계를 시작하는 원동력으로서 반드시 필요하다.

그리스 신화에서도 애욕의 신 에로스(Eros)는 태초의 존재다. 기원전 700년경 그리스 시인 헤시오도스가 쓴 『신통기(Theogony)』를 보면 태초의 혼돈 카오스에서 가장 먼저 대지의 여신 가이아가 탄생했고, 다음으로 지하 암흑계에 있는 타르타로스가, 그다음에 사랑의 신 에로스가 태어났다고 한다. '태초의 사랑'이라는 테마는 인도와 그리스 신화에서 공통된 부분이다. 에로스는 로마 신화에서 쿠피도라고 불리는데 우리에게는 영어 큐피드로 더 친숙하다. 일본 『고사기』에 등장하는 신화에도 이와 비슷한 사고방식이 있다. 『고사기』에서는 세계가 시작될 때 먼저 아메노미나카

누시(天御中主)가 탄생하고, 다음으로 다카미무스히(高御産巣日)와 가무무스히(神産巣日)가 태어났다고 한다. 다카미무스히와 가무무스히의 이름에는 똑같이 '무스히'라는 말이 들어 있는데 여기서 '무스'는 일본 국가 기미가요에도 나오는 '고케무스(苔むす, 이끼가 끼다)'라는 말과 같이 '싹트다, 발아하다'라는 뜻이다. 무스히의 '히'는 눈에 보이지 않는 영묘한 힘을 가리킨다. 결국 '무스히'는 뭔가를 생산하는 힘을 뜻하므로 애욕의 개념과 매우 흡사하다. 일본 신화에서도 '태초의 사랑'이라는 테마가 등장하는 셈이다.

다시 인도 이야기로 돌아가자. 브라만교에서 뻗어 나온 힌두교에서는 카마를 태초의 초월적인 존재라기보다는 그가 가진 애욕적인 측면을 부각시켜 에로스의 신으로 보았다. 예를 들면 칼리다사의 서사시 「쿠마라삼바바」(Kumrasambhava, 전쟁신의 탄생)에는 시바가 자신의 세 번째 눈으로 카마를 불태웠다는 신화가 나온다.

신들과 악마의 일족인 아수라의 다툼은 끊일 날이 없었다. 어느 날 '타라카'라는 이름의 강력한 아수라가 전투에서 신들을 무자비하게 쓰러뜨리자 신들은 곤경에 빠졌다. 타라카를 쓰러뜨릴 유일한 이는 최고신 중 한 명인 시바에게서 태어날 아들뿐이었다. 그래서 신들은 무슨 수를 써서라도 시바를 결혼시키고자 했다. 시바의 아내로 적격한 이는 산신의 딸 파르바티였다. 신들의 왕 인드라는 시바의 마음을 훔치기 위해 사랑의 신 카마를 보냈다. 카마는 파르바티가 시바 근처에 있을 때를 노려 '삼모하나'라고 불리는 매혹의 꽃 화살을 쏘려 했다. 고행 중이었던 시바는 아주 잠시 평정심을 잃고 파르바티에게 시선을 돌렸지만 금세 자제심을 되찾은 뒤 활시위를 당기고 있는 카마를 발견했다. 이에 분노한 시바는 자신의 세 번째 눈으로 불꽃을 쏘아 카마를 재로 만들었다. 카마의 아내 라티는 남편이 죽자 바산티에게 자신의 화장을 부탁하며 카마를 따라 불 속으로 뛰어들었다. 그때 하늘에서 목소리가 들렸다. 시바가 파르바티와 결혼하면 카마가 부활할 것이라는 이야기였다.[3]

　카마는 자신의 임무를 다하기 위해 시바와 파르바티에게 갔을 뿐인데 허망하게 불타 재로 변했다. 하지만 이후 시바와 파르바티가 결혼하자 카마는 부활하였고 그와 마찬가지로 다시 태어난 라티와 재회한다.

✦

세계에서 가장 긴 신화 이야기

대서사시 『마하바라타』

대학원에 입학했을 때 처음으로 권유받은 책이 『마하바라타』였다. 세계 최대 규모의 서사시 『마하바라타』는 총 18권으로, 약 20만 행으로 이루어져 있다. 작가는 작중에서 주요 인물들의 할아버지로 등장하는 전설적인 성선 비야사(Vyasa)라고 전해진다. 이처럼 작가의 존재 자체가 신화적이다 보니 한 사람이 쓴 것이 아니라 상당히 오랜 시간 동안 대략 기원전 4세기경부터 기원후 4세기경 사이에 여러 사람의 손을 거치면서 점진적으로 완성된 것이 아닐까 추측한다.

『마하바라타』의 주요 등장인물은 판다바(판두의 자식들이

라는 뜻)로 총칭되는 판두 왕의 다섯 아들과 그들의 사촌 형
제인 100명의 카우라바(크루족의 자식들이라는 뜻) 형제다. 왕위
다툼을 둘러싼 사촌 간의 불화에 이웃 나라까지 얽혀들면
서 대전쟁으로 발전한다.『마하바라타』는 대지의 부담을
전하는 데서 시작한다. 대지의 여신은 지나치게 늘어난 생
물의 무게를 견디다 못해 브라마 신을 찾아가 고통을 호소
한다. 이에 브라마는 신들에게 명령하여 화신을 지상으로
보내 대지의 부담을 줄여주도록 한다. 그리하여 신들의 화
신으로 태어난 곳곳의 영웅들이 대전쟁을 일으키고 많은
인간이 목숨을 잃는다. 신들의 계략에 따라 전쟁의 주역이
되는 판다바의 다섯 왕자는 다양한 신의 아들로 태어난다.
법의 신 다르마의 아들 유디스티라, 바람의 신 바유의 아
들 비마, 신들의 왕 인드라의 아들 아르주나, 아슈빈쌍신의
아들 쌍둥이 나쿨라와 사하데바, 이렇게 다섯 명이다. 한편
장남 두르요다나를 대표로 하는 100명의 카우라바 형제는
아수라나 악마의 화신으로 태어난다.

　판다바의 다섯 형제는 사촌 형제의 위협에서 도망치기
위해 어머니 쿤티와 떠돌이 생활을 한다. 그러다가 두루파
다 왕의 딸 드라우파디의 결혼 상대를 결정짓는 대회에 참
가하여 활 경기에서 승리한 아르주나가 남편으로 결정된

다. 하지만 전생의 인연을 바탕으로 드라우파디는 다섯 형제 모두와 결혼하고, 왕국을 다스리게 된 다섯 형제는 번영을 누린다. 이에 두르요다나의 질투는 더욱 커진다. 어느 날 두르요다나와 그의 숙부 샤쿠니는 주사위 도박에 빠진 유디스티라를 속여 그의 왕국과 형제, 드라우파디를 모두 빼앗는다. 이로 인해 다섯 형제와 드라우파디는 12년간 산속에서 지내다가 13년째에 아무도 모르는 곳으로 추방당하는 벌을 받는다. 세월이 흘러 13년간의 고난이 끝나지만 카우라바 측이 왕국을 되돌려주지 않자 판다바의 다섯 형제는 이웃 나라까지 끌어들여 대전쟁을 시작한다. 이때 아르주나는 친족과 싸우고 싶지 않다며 무기를 버리려는데 비슈누의 화신 크리슈나가 그를 설득한다. 이 내용이 바로 『바가바드 기타』에 담겼다. 『바가바드 기타』는 신들의 가르침을 담은 성전으로 현대 인도에서도 추앙받는다. 전쟁은 18일 동안 계속되고 아르주나의 전차를 끄는 크리슈나의 술책으로 적진의 장군들이 연이어 쓰러져나가면서 결국 판다바의 승리로 끝난다.

한편 카우라바 측의 장군 드로나의 아들 아슈와타마는 아버지가 판다바의 술책으로 전장에서 살해당하자 복수심에 불타올라 승리에 취한 판다바 진영으로 한밤중에 몰래 숨어들어 간다. 그리고는 판다바 군을 몰살시키고 불을 질러버린다. 당시 그 자리에 없던 다섯 형제와 크리슈나, 크리슈나의 친구 사티야키를 제외한 모든 영웅이 이 사건으로 목숨을 잃는다. 도망치다가 따라잡힌 아슈와타마는 아르주나와 '브라흐마스트라'라는 전설의 무기로 일대일 승부를 벌이려 하지만 성선들에게 제지당한다. 이때 아르주나는 브라흐마스트라를 내려놓는 데 반해 아슈와타마는 판다바의 대를 끊어 놓겠다며 아내들에게 브라흐마스트라를 날려버린다. 하지만 아르주나의 아들 아비마뉴의 부인이 아들을 낳으면서 판다바의 대는 계속 이어진다. 판다바의 다섯 형제는 늙은 왕 드리타라슈트라와 왕비 간다리와 화해하고 유디스티라가 왕위에 오른다. 하지만 세월이 흐르면서 결국 다섯 형제의 신성함도 점점 힘을 잃고 그들과 드라우파디는 산으로 죽음의 여행을 떠나 그곳에서 한 명씩 인간으로서의 죄를 물으며 생을 마감하고 천계로 올라간다.

인간과 신은 친구가 될 수 있을까

한 쌍의 영웅 아르주나와 크리슈나

지금부터는 『마하바라타』의 주역 아르주나에 대해 자세히 살펴보자. 아르주나는 크루 왕족에서 태어난 판다바의 다섯 형제 중 세 번째 아들이다. 그는 전쟁의 신이자 신들의 왕인 인드라의 아들로 태생 자체가 고귀하다. 『마하바라타』에서 제일가는 영웅으로 성장하여 아그니 신에게서 받은 바루나의 신궁 간디바를 다룰 뿐 아니라 그 외에도 많은 신에게서 받은 전설의 무기를 사용하여 대전쟁을 승리로 이끈다.

아르주나의 가장 큰 특징은 혼자서 여러 번 방랑 생활을 한다는 점이다. 그는 세 번이나 형제들과 떨어져 여행길에 올랐다. 첫 번째 여행은 아내가 발단이었다. 아르주나의 아내는 드라우파디라는 이름의 절세 미녀인데 그녀는 다섯 형제 모두의 아내이기도 했다. 말하자면 일처다부제인 셈이다. 형제는 이와 같은 독특한 결혼 방식이 갈등을 유발하지 않도록 결혼할 때 한 가지 규칙을 정했다. 다른 형제가 드라우파디와 함께 있는 침실에는 절대 들어가면 안 된다는 약속이었다. 만약 이 약속을 어기면 12년 동안 혼자서 여행을 떠나야 했다. 그런데 어느 날 아르주나는 도움을 요청해온 브라만을 위해 어쩔 수 없이 유디스티라가 드라우파디와 함께 있는 방에 들어가 무기를 가져와야 했고 이로 인해 혼자 여행을 떠난다. 이것이 첫 번째 여행이었다. 아르주나의 두 번째 여행은 유디스티라의 명령에 따라 신들에게서 무기를 받기 위한 여행이었다. 이때는 단식을 하며 험난한 고행길을 걸었다. 그리고 마지막 여행은 전쟁이 끝나고 유디스티라가 지내는 제사 아슈바메다(고대 인도에서 전쟁의 승리를 축하하거나 왕가의 안녕을 빌 때 말을 제물로 바치는 제사-옮긴이)를 준비하기 위해 말과 함께 떠났다. 이처럼 아르주나는 여러 번 여행을 떠났고 이를 계기로 계속해서 성장하는 영웅이었다.

아르주나의 두 번째 특징은 크리슈나와 돈독한 우정을

쌓는다는 점이다. 두 사람은 불의 신 아그니의 요청에 따라 함께 칸다바 숲을 불태웠다. 또한 전쟁에서는 크리슈나가 아르주나의 전차를 몰며 많은 조언을 해준다. 이때 크리슈나가 아르주나에게 『바가바드 기타』의 내용을 전하면서 궁극의 경지에 오르는 신체적 수련법 요가의 비밀이 밝혀지기도 한다. 아르주나의 친구 크리슈나에 대해서도 알아보자. 크리슈나는 비슈누의 화신 중 하나로 『마하바라타』 시대에 지상에서 태어난 뒤 곳곳에서 활약하며 유명한 영웅으로 성장했다. 크루크세트라 대전쟁에서는 판다바의 참모 역할을 톡톡히 해냈을 뿐 아니라 아르주나의 전차를 끌며 그를 올바른 길로 안내했다. 크리슈나와 아르주나가 매우 돈독한 친구 사이라는 점은 두 사람을 표현하는 산스크리트 용어에도 잘 나타나 있다. 산스크리트어로 두 사람은 '크리슈나우' 혹은 '나라·나라야나우(아르주나·크리슈나)'라고 불리는데 여기서 단어의 끝에 쓰이는 복수형 어미 '아우'는 매우 긴밀한 한 쌍을 표현할 때만 사용하는 말이다. 또한 산스크리트어의 3인칭 대명사의 복수형 '타우'가 아르주나와 크리슈나 두 사람을 일컫는 경우도 있다. 이와 비슷하게 산스크리트어에서는 '그 두 사람'이라고 하면 보통 크리슈나와 아르주나를 뜻한다고 한다.

하버드 대학 인도 신화학자 케빈 맥그라스(Kevin McGrath)는 크리슈나와 아르주나의 우정을 다룬 저서에서 크리슈나에게는 '세 개의 층'이 있음을 지적했다. 크리슈나에게는 목인(牧人)이자 영웅이면서 신이라는 세 개의 역할이 있다는 말인데 이에 따라 각기 다른 세 가지 성질이 혼재해 있다고 한다. 맥그라스는 이와 같은 방식으로 크리슈나를 분류하면 아르주나와 우정을 나누는 크리슈나는 영웅, 즉 인간으로 볼 수 있다고 말했다. 왜냐하면 인간은 신과 친구가될 수 없기 때문이다. 인간의 친구라면 그 역시 인간임을 뜻한다는 말이다. 하지만 과연 정말로 아르주나의 친구로서의 크리슈나는 인간일까. 맥그라스는 '영웅으로서의 크리슈나'와 '인간인 아르주나'의 측면을 강조하지만 나는 크리슈나와 아르주나는 신과 인간으로도 충분히 짝이 될 수있다고 생각한다. 예를 들면 『마하바라타』에는 영원히 존재하는 크리슈나와 윤회를 반복하는 아르주나에 관한 다음과 같은 언급이 있다.

크리슈나: 나는 많은 생을 거쳐 왔다. 아르주나여, 너도 마찬가지다. 나는 그 모든 생을 기억하고 있지만 너는 알지 못한다.[4]

말하자면 끊임없이 반복되는 윤회 속에서 신인 크리슈나와 인간인 아르주나는 몇 번이나 환생을 경험하며 여러 번 만났지만, 오직 크리슈나만 이 모든 일을 기억할 뿐 아르주나는 아무것도 알지 못한다는 뜻이다. 인간은 신과 친구가 될 수 없는 게 아니라 인간이어도 신과 친구가 될 수 있다. 서로 다른 차원에 사는 존재일지라도 우정은 나눌 수 있다는 말이다. 이 점이야말로 이 신화에서 가장 중요한 부분이라고 생각한다.

영원한 우정에 대한 대가

카르나와 두르요다나

앞에서 살펴본 아르주나와 크리슈나에 대립하는 이들이 카르나와 두르요다나다. 이들에 대해서도 자세히 살펴보자. 카르나의 엄마는 판다바의 다섯 형제와 마찬가지로 쿤티다. 그의 아버지는 태양신으로 아르주나와 마찬가지로 카르나도 고귀한 태생이다. 이에 대한 증거로 카르나는 태어날 때부터 황금 귀걸이와 갑옷이 몸에 붙어 있었다. 카르나를 임신했을 때 쿤티는 아직 결혼을 하지 않은 소녀였다. 자신의 바르지 못한 행실이 가족에게 알려질까 두려웠던 쿤티는 카르나를 낳자마자 강에 버린다. 이를 크루족의 왕 드리타라슈트라의 마부, 아디라타와 그의 아내 라다가 발견하여 그를 키운다. 아디라타는 카르나가 장성하자 크루족의 수도 하스티나푸라에 보낸다. 그곳에서 카르나는 드로나에게 궁술을 배우고 두르요다나 왕자와 우정을 쌓는다. 또한 크리파에게 군사 지휘법을 배우고, 성선 파라슈라마에게 무기를 받아 최고의 활잡이가 된다. 이로써 카르나와 아르주나는 처음 만난 날부터 경쟁 관계에 놓일 수밖에 없었다.

어느 날 크루 왕가에서 왕자들을 위한 무술 경기가 열리고, 여기서 아르주나가 신적인 기술을 선보이자 카르나도 이에 질세라 비슷한 기술을 보여준다. 이때 출신을 추궁당하는 바람에 입을 꾹 다물고 있던 카르나를 두르요다나가 자기 마음대로 앙가의 왕으로 임명한다. 이후 카르나와 두르요다나는 영원한 우정을 맹세한다. 카르나는 황금 귀걸이와 갑옷 덕분에 어느 누구도 쉽게 쓰러뜨릴 수 없었다. 이것이 못마땅했던 아르주나의 아버지 인드라 신은 브라만으로 변장한 채 카르나에게 다가가 귀걸이와 갑옷을 달라고 요구했다. 카르나는 브라만이 원한다면 그것이 무엇이든 반드시 내주어야 한다는 맹세를 지켜야 했기에 피가 뚝뚝 떨어지는 와중에도 자신의 몸에서 갑옷과 귀걸이를 떼 내어 인드라에게 건넸다. 이에 대한 대가로 인드라는 상대가 누구든 필살의 위력을 자랑하는 창을 주었지만 딱 한 번만 사용할 수 있다는 제약이 붙었다. 카르나는 인드라에게 받은 창을 숙적 아르주나를 살해할 때 쓰겠노라고 결심했다. 하지만 크리슈나의 책략으로 대전쟁에서 크루 군을 궁지에 빠트린 비마의 아들 가토가챠를 죽이는 데 사용한다.

카르나는 크루크세트라 대전쟁에서 비슈마와 드로나를 잇는 장군이 되지만 전쟁 3일 차에 전차의 바퀴가 땅에 빠지는 바람에 아르주나에게 살해당한다. 카르나와 우정을 맹세했던 왕자 두르요다나는 악덕한 인물이지만 카르나는 그를 배신하지 않고 끝까지 우정을 지킨다. 한편 두르요다나는 악의 화신으로 태어났다. 그가 태어났을 때 세계에는 다양한 이변 현상이 발생하며 불길한 징조를 드러냈다. 드리타라슈트라 왕의 동생 비두라는 형에게 아이를 버리라고 진언하지만 왕은 아들을 사랑하는 마음에 그의 제안을 거절한다. 어른이 된 두르요다나는 판다바의 다섯 형제 중에서도 특히 비마를 적대시하며 미움을 점점 키워갔다. 이윽고 유디스티라가 나라를 얻어 크루족의 후기 수도인 인드라프라스타에 화려한 궁전을 짓자 그가 가진 부와 명성에 커다란 질투심을 품었다. 이에 숙부 샤쿠니가 고민하는 조카에게 주사위 도박으로 유디스티라를 속이자고 제안했고 두르요다나는 크게 기뻐하며 계획에 동참했다. 그 결과 판다바 다섯 형제와 드라우파디를 왕국에서 추방시키는 데 성공했다.

이 주사위 도박이 원인이 되어 크루크세트라 대전쟁이 발발한다. 전쟁 마지막 날 두르요다나는 비마와 곤봉으로 일대일 승부를 겨루지만, 허벅지를 강타당하며 쓰러졌다. 사실 이는 비마의 반칙이었다. 비마는 드라우파디가 주사위 도박 때 받은 굴욕을 갚기 위해 일부러 적의 허벅지를 공격했다. 간신히 숨이 붙어 있던 두르요다나는 무술을 가르치는 드로나의 아들 아슈와타마를 최후의 군사령관으로 임명한다. 아슈와타마는 살아남은 크리파와 크리타바르마와 함께 한밤중에 판다바 진영에 숨어들어 마구잡이로 살육전을 벌이고 불을 질러서 판다바 진영을 전멸시켰다. 살아남은 이는 판다바 다섯 형제와 크리슈나, 사티야키 일곱 명뿐이었다. 아슈와타마가 판다바 진영을 습격하여 대살육을 벌이고 불을 질렀다는 이야기를 들은 두르요다나는 그제야 숨을 거두고 천계로 올라간다. 크루크세트라에서 목숨을 잃은 자는 모두 천계에서 받아주기 때문이었다. 카르나와 두르요다나는 원전에서 '카르나두르요다나우'라는 복수형으로 표현될 만큼 '크리슈나우'처럼 긴밀한 한 쌍이었다. 말하자면 『마하바라타』는 아르주나와 크리슈나, 그리고 카르나와 두르요다나가 짝을 이루고, 두 쌍이 대립 관계에 놓이면서 이야기가 진행되는 구조다.

우리는 가상현실에서 살고 있다

『마하바라타』와 「매트릭스」

게임 속 세상은 당연한 말이지만 인위적으로 만들어진 허구다. 그런데 신화에서도 이 세상은 신이 만든 허구에 지나지 않는다는, 이른바 '세계의 이중구조'를 엿볼 수 있다. 다음에 나오는 인도 신화를 살펴보자.

고행 끝에 비슈누의 은총을 얻게 된 성선 나라다는 그에게 '마야'의 비밀을 알려달라고 부탁한다. 이에 비슈누는 나라다를 이끌고 태양빛이 내리쬐는 황막한 길을 걷다가 목이 마르니 근처 마을에서 물을 얻어 오라고 요청한다. 나라다가 마을의 한 집을 찾아가 물을 달라고 부탁하자 집 안에서 아름다운 여성이 나왔다. 그는 여성을 빤히 쳐다보다가 그만 원래의 목적을 잊어버렸다. 시간이 흘러 나라다는 그 여성을 아내로 맞이하여 결혼의 기쁨과 일상생활의 고통을 함께 맛본다. 그렇게 12년이란 세월이 지나고 나라다에게는 세 명의 아이도 생긴다.

어느 날 마을에 홍수가 나자 하룻밤 만에 나라다의 집이 물에 떠내려갔다. 나라다는 한 손으로 아내를, 다른 한 손으로 두 명의 아이를 잡고 가장 어린 막내를 어깨에 짊어진 채 거센 물살을 가르며 나갔다. 하지만 발이 미끄러지면서 막내가 물에 빠졌고 막내를 찾으며 헤매는 동안 남은 두 아이와 아내도 결국 물살에 휩쓸려갔다. 나라다도 물에 떠내려가다가 어느 바위 위에 홀로 남겨지고 견딜 수 없는 불행을 맞이한 그는 하염없이 울부짖었다. 그때 익숙한 목소리가 그를 불렀다.

"내가 부탁한 물은 어디에 있는가. 나는 30분 이상이나 너를 기다렸다."

나라다가 뒤돌아보자 휘몰아치던 거센 물살은 온데간데없이 사라지고 황막한 땅만 보였다. 비슈누가 말했다.

"이제 마야의 비밀을 이해했는가?"[5]

'마야'란 산스크리트어로 불가사의한 주술의 힘을 말한다. 어원은 동사 '마'로, 원래는 '측량하다'라는 뜻이었는데 '(측량하여) 뭔가를 만들어내다'라는 의미로 발전했다. 따라서 마야란 '세계를 만들어내는 힘'을 가리킨다. 나라다는 비슈누 신이 만든 마야 안에서 결혼해서 아이를 낳고 기르지만 모든 것이 한순간에 홍수에 떠내려가 버리는 경험을 했다. 그야말로 현실과 똑 닮은 반평생이었다. 하지만 모든 것은 환영이었다. 마야에는 '만들어내다'라는 의미가 있는 동시에 '환상'이라는 뜻도 있다. 어쩌면 이 세상은 나라다의 체험처럼 한때의 환영에 지나지 않을지도 모른다. 게임, 특히 RPG 게임에서는 사용자가 조작하는 주인공을 중심으로 이야기가 전개된다. 게임 속 세상은 사람의 손으로 만들어진 허구의 세계다. 우리가 게임을 하는 행위는 나라다가 비슈누가 만들어낸 세상에서 반평생을 보내는 일과 비슷할지도 모른다. 우리들은 게임이라는 가짜 세상에서 놀면서 사실은 신화 속 마야의 세계를 경험하고 있다. 『마하바라타』 중에서 철학적 내용을 담고 있어 현대 인도인 사이에서도 중요한 성전으로 여겨지는 『바가바드 기타』에는 이러한 구절이 나온다.

신은 만물의 마음속에 있다. 마야(환상의 힘)는 만물을 마치
태엽으로 돌아가는 자동인형처럼 끊임없이 움직인다.[6]

신은 마야로 만물을 움직인다. 즉 세상을 창조하고, 유
지하고, 파괴한다. 이는 현대 미국 영화 「매트릭스」의 세계
관과도 이어진다. 사람들이 살고 있는 일상 세계가 알고 보
면 컴퓨터로 만들어진 가상현실이라는 설정이다. 주인공
네오는 세계의 진실을 알고 본래의 모습으로 돌아가기 전
에 이런 말을 한다. "내가 깨어 있는 건지, 꿈을 꾸고 있는
건지 모르겠다."

작품 속 설명에 따르면 모든 것은 매트릭스 안에서 펼
쳐지는 가상현실이라고 한다. 지금 이 순간, 내가 일을 하
고 교회에 가는 모든 순간이 매트릭스이며, 이는 인간들에
게 진실을 감추기 위해 만든 세계다. 그렇다면 진실은 무엇
일까. 인간은 사실 기계의 노예로 전락하여 캡슐 안에 갇힌
채 에너지원으로 쓰이고 있다. 「매트릭스」의 세계관은 다
음에서 소개할 인도 신화와도 많이 닮았다. 영원한 생명을
얻은 성선 마르칸데야가 세계의 종말을 체험한 뒤 비슈누
신의 몸속으로 들어가 '세상'을 보는 이야기다. 마르칸데야
는 자신이 체험한 종말의 모습을 이렇게 설명했다.

종말의 시기, 칼리 유가의 끝에 다다르면 세상에는 다양한 이변이 일어난다. 가뭄이 찾아오고 지상에는 굶주림으로 수많은 생명체가 멸종한다. 일곱 개의 불타오르는 태양이 모든 물을 바싹 말라버리고 마른 것도 젖은 것도 모두 타서 재가 된다. 종말의 불 산바르타카가 세계를 뒤덮어 지상을 모두 태우고 나면 땅속으로 들어가 지하 세계마저 태워버린다. 신들도 악마도 간다르바도 야크샤(인도 신화에서 사람을 괴롭히거나 해치는 마귀-옮긴이)도 뱀도 라크샤사도 모두 파멸한다. 그리고는 번개가 번쩍이는 묘한 색깔의 구름이 하늘에 떠오른다. 여러 색을 가진 이 구름은 천둥소리와 함께 불로 다 타버린 세상을 물로 뒤덮는다. 비는 12년간 이어진다. 바다는 육지까지 밀어닥치고 산과 대지는 산산조각이 난다.

한참 후 갑자기 구름이 모습을 감추자 정적 속에서 창조의 신 브라마가 태초의 바다에 떠다니는 연꽃 위에서 쉬고 있다. 그 드넓은 바다를 나는 혼자 떠돌고 있었다. 살아 있는 생물은 하나도 보이지 않았기에 혼자서 오랜 시간 동안 헤엄쳐 다녔다. 지쳤지만 어디에도 쉴 곳은 보이지 않았다. 그러던 어느 날 태초의 바다에 커다란 바니안나무가 보였다. 울창하게 뻗은 가지 밑에는 성스러운 방석이 깔린 의자

가 놓여 있었고 그곳에 한 사내아이가 앉아 있었다. 나는
깜짝 놀랐다. 세계가 멸망했는데 대체 왜 사내아이가 여기
있단 말인가. 나는 과거와 현재와 미래를 모두 알고 있지만
그 사내아이에 대해서는 아무것도 알지 못했다. 잠시 후 연
꽃 같은 눈을 하고, 만(卍)자 문양이 새겨진 눈부신 사내아
이는 이렇게 말했다.

"당신이 지쳐서 쉴 곳을 찾는다는 것을 알고 있소. 자, 내
몸속으로 들어와 휴식을 취하시오."

사내아이는 그렇게 말하더니 입을 벌렸다. 나는 그 속으로
들어가 안에서 도시와 시골을 포함한 모든 지상 세계가 펼
쳐진 모습을 보았다. 땅 위에는 수많은 강이 흘렀고, 드넓
은 바다에는 수많은 바다짐승이 살고 있었다. 해와 달이 빛
나는 하늘도 있었다. 숲을 품은 대지도 보였다. 땅 위에서
는 브라만이 제사를 지내고, 크샤트리아는 사람을 지키고,
바이샤는 농사를 짓고, 수드라는 브라만의 시중을 들었다.
수많은 산이 보였고 많은 동물이 대지 이곳저곳을 돌아다
녔다. 신들과 간다르바, 아프사라스, 야크샤, 성선, 악마들
이 있었다. 사내아이의 몸속에는 내가 본 적 있는 모든 것이
들어 있었다. 나는 100년 이상이나 그곳에 있었지만 그 곳
에서 빠져나올 수도 끝을 발견할 수도 없었다. 그래서 나는

위대한 신에게 부탁했다. 그러자 갑자기 돌풍이 불더니 커
다랗게 벌린 사내아이의 입속에서 내가 밖으로 튀어나왔
다. 그 아이는 바로 궁극의 신 비슈누이자 크리슈나였다.[7]

멸망했다고 여긴 세상은 태초의 바다에 떠다니는 사내
아이의 모습을 한 비슈누 신의 몸속에서 온전히 존재했다.
신의 몸속에 펼쳐진 세상과 그 바깥에 있는 태초의 바다.
세계의 안과 밖. 이는 실제 나의 몸은 캡슐 속에 있고, 현실
이라고 믿었던 세상은 사실 컴퓨터로 만들어진 환영이라
고 말하는 「매트릭스」의 세계와 매우 흡사하다. 이 세상의
바깥에는 사실 태초의 바다 혹은 컴퓨터로 이루어진 나라
같은 진짜 현실이 존재하는지도 모른다. 신화에서든 현대
작품에서든 아무래도 우리는 현실 세계의 '진짜'를 의심하
며 살아갈 때가 있는가 보다. 이 세상 밖에는 지금껏 우리
가 알지 못했던 무언가가 있는 게 아닌가 하고 말이다.

하늘과 땅의 슬픈 이별

『라마야나』의 세계

『마하바라타』에 대해 설명했으니 이와 함께 인도의 2대 서
사시로 불리는 『라마야나』에 대해서도 알아볼 차례다. 『라
마야나』는 『마하바라타』보다 늦은 2세기경 성립되었다.
작가는 전설 속의 성선 발미키(Valmiki)라고 알려져 있다. 가
장 큰 특징은 주인공 라마 왕자와 그의 삼 형제가 모두 비
슈누의 화신이라는 점이다. 『마하바라타』에서는 다양한 신
이 화신의 형태로 영웅이나 여성으로 나와 각자의 역할을
담당했는데, 이에 반해 『라마야나』에서 나오는 주요 인물
은 모두 비슈누의 화신으로 그의 존재가 압도적으로 크다.
『라마야나』의 줄거리를 살펴보자.

코살라 국의 다샤라타 왕에게는 왕비가 세 명이나 있었는데 좀처럼 아이가 생기지 않았다. 그러자 왕은 말을 제물로 바치는 제사 아슈바메다를 올렸고 이 덕분에 아들을 얻었다. 카우살리아 왕비는 라마를, 카이케이 왕비는 바라타를, 수미트라 왕비는 락슈마나와 샤트루그나를 낳았다. 모든 아이가 비슈누의 신덕을 받았지만 특히 라마 왕자는 마왕 라바나를 물리치기 위해 비슈누가 직접 나선 화신이었다. 라마 왕자는 자라서 성선 비슈바미트라와 함께 자나카 왕을 만나는데 그곳에서 집안 대대로 내려오던 활을 다루는 시험을 통과하고 자나카 왕의 딸 시타를 아내로 맞이한다. 시타는 밭두렁에서 발견된 갓난아기를 자나카 왕이 키운 양녀로 여신의 화신이었다. 이윽고 라마 왕자의 왕위 계승이 결정되었다. 하지만 하녀의 꼬드김에 넘어간 카이케이 왕비의 계략으로 라마는 왕위 계승권을 빼앗기고 숲으로 추방당했다. 시타와 락슈마나도 라마를 따랐다. 이후 카이케이 왕비의 아들 바라타가 왕위를 이어받지만 바라타는 라마의 신발을 왕좌에 모셔놓고 형이 돌아오기만을 기다리며 나라를 다스렸다. 숲에서 지내던 시타는 마왕 라바나에게 잡혀가고 라마와 락슈마나는 고난을 헤쳐가며 그녀를 되찾기 위해 고군분투한다. 두 사람은 원숭이 왕 수그리바와 그의 신하 하누만의 도움으로 시타를 발견하고 마왕의 악마들과 싸워 그녀를 되찾는다.

이후 라마는 시타의 정조를 의심했지만 화신 아그니가 그녀의 결백을 입증하면서 일단락된다. 그러나 통치 기간이 길어지자 시타의 정조를 의심하는 민중들의 목소리가 커졌다. 라마는 임신한 시타를 발미키 성선에게 데려갔다. 그곳에서 그녀는 두 아이, 쿠샤와 라바를 낳는다. 시타는 라마에게 충성을 맹세하며 대지로 사라졌다. 대지는 시타를 위해 여왕의 의자를 준비했다. 라마는 깊은 슬픔을 간직한 채 오랫동안 왕국을 다스렸다. 이처럼 라마와 시타 부부는 일시적으로 하나였지만 끝내 이별한다. 뭐라고 설명하기 어려운 이 씁쓸함 속에는 어떤 의미가 있을까. 나는 『라마야나』를 읽고 하늘과 땅이 분리되는 신화를 떠올렸다. 하늘과 땅은 세계가 성립하기 위해 반드시 떨어져야만 한다. 아무리 사랑하는 사이라도 말이다. 여기서 라마는 하늘을 의미한다. 그는 천계의 가장 높은 곳에 있는 비슈누의 화신이기 때문이다. 또한 시타는 땅에서 태어나, 땅으로 돌아간 대지의 여신이다. 『라마야나』에도 하늘과 땅이 분리되는 신화가 숨겨져 있던 것은 아닐까.

맺음말

독자분들은 시공을 초월한 이 신화 여행을 어떻게 느꼈을까. 지금까지 나는 주로 인도 신화를 전문적으로 다루어 왔다. 하지만 이 책은 지금까지 내가 쓴 책과 전혀 다른 방식으로 구성했다. 말하자면 신화를 처음 접하는 사람을 위한 입문서로 가능하면 신화를 있는 그대로 소개하고 싶었다. 여기에 신화의 의미와 구조 및 현대 작품과의 관련성까지 함께 담고자 했다. 머리말에서 말했듯이 신화를 하나로 묶어서 체계화하기란 쉽지 않다. 따라서 각각의 신화를 깊이 있게 읽어나가는 편이 오히려 전체 신화를 이해하는 가장 빠른 지름길이라고 생각한다.

이 책을 쓰며 다시 한번 깨달은 바는 신화는 결코 과거의 유물이 아니라는 점이다. 사람들은 언제나 이야기를 원한다. 그리고 이야기는 과거와 현재를 오가며 돌고 돈다. 옛이야기인 신화가 현대 사람들에 의해 계속해서 재생산되는 이유다. 인간 개개인의 삶을 들여다보면 하나하나 모든 것이 이야기이며 신화처럼 느껴진다. 결국 우리는 각자의 이야기 속에서 저마다의 새로운 신화를 만들며 살아가고 있는 것이 아닐까.

오키타 미즈호

미주

Ⅰ · 신화, 이야기의 씨앗

1 오바야시 타료(大林太良) 외, 『세계 신화 사전 창세 신화와 영웅 전설(世界神話事典 創世神話と 英雄伝説)』, 가도카와 소피아 문고, 2012, 148~149쪽 참고.

2 마거릿 마요, 『세계의 시작』, 모모 유리코(百々佑利子) 옮김, 이와나미 서점, 1998, 34~37 쪽 참고 및 일부 인용.

3 오바야시 타료 외, 『세계 신화 사전 세계 신들의 탄생(世界神話事典 世界の神々の誕生)』, 가도 카와 소피아 문고, 2012, 169~170쪽 참고.

4 베로니카 이온스(Veronica Ions), 『이집트 신화』, 심재훈 옮김, 범우사, 2003

5 요시다 아쓰히코 외, 『우리가 알아야 할 세계 신화 101』, 김수진 옮김, 이손, 2002, 참고.

6 스가와라 구니시로(菅原邦城), 『북유럽 신화(北欧神話)』, 도쿄서적, 1984, 18~23쪽 참고.

7 오바야시 타료 외, 『세계 신화 사전 세계 신들의 탄생』, 80~81쪽 참고.

8 이토 세이지(伊藤清司), 『중국의 신화와 전설』, 박광순 옮김, 넥서스, 2000, 참고.

9 스가와라 구니시로, 『북유럽 신화』, 34~35쪽 인용.

10 스가와라 구니시로, 『북유럽 신화』, 38~39쪽 인용.

11 페탐 마니(Vettam Mani), 『푸라나 사전』, 모틸랄 바나르시다스, 1964, 342쪽, 저자 옮김.

12 안토니 알퍼스(Antony Alpers), 『뉴질랜드 신화(ニュージーランド神話)』, 이노우에 에이메이(井 上英明) 옮김, 세이도사, 1997, 24~40쪽 및 야마다 히토시(山田仁史), 『신·신화학입문(新·神 話学入門)』, 아사쿠라 서점, 2017년, 97~99쪽 참고.

Ⅱ · 오래된 이야기는 힘이 세다

1 오바야시 타료 외, 『세계 신화 사전 세계 신들의 탄생』, 52쪽 참고.

2 『마하바라타(Mahabharata)』 저자 옮김, 요약.

3 『길가메시 서사시』, 야지마 후미오(矢島文夫) 옮김, 치쿠마 학예문고, 1998, 117~129쪽 참 고.

4 『성서』, 성서협회 공동 옮김, 일본성서협회, 2018, 구약성서 7~11쪽 참고.

5 오바야시 타료 외, 『세계 신화 사전 세계 신들의 탄생』, 111~112쪽 참고.

6 쓰지 나오시로(辻直四郎), 『고대 인도 설화(古代インドの説話)』, 춘추사, 1978, 17~18쪽 참고.

7 오바야시 타료 외, 『세계 신화 사전 세계 신들의 탄생』, 35~36쪽 참고.

8 『마하바라타』, 저자 옮김, 요약

9 요시다 아쓰히코, 『그리스 신화와 일본 신화(ギリシァ神話と日本神話)』, 미스즈 서점, 1974, 70쪽 참고.

10 아돌프 엘레가르트 옌젠(Adolf Ellegard Jensen), 『하이누웰레 신화』, 이혜정 옮김, 뮤진트리, 2014, 참고.

11 구라노 겐지(倉野憲司), 『고사기(古事記)』, 이와나미 문고, 1963, 38쪽 참고. 이하 『고사기』에 관한 내용은 모두 이 책을 참고하였음.

12 사카모토 다로(坂本太郎) 외, 『일본서기』(1), 이와나미 문고, 1994, 58~60쪽 참고. 이하 『일본서기』에 관한 내용은 모두 이 책을 참고하였음.

13 오바야시 타료 외, 『세계 신화 사전 창세 신화와 영웅 전설』, 202~203쪽 인용.

14 요시다 아쓰히코, 『조몬 토우의 신화학(縄文土偶の神話学)』, 명저간행회, 1986, 118~121쪽 참고.

15 스가와라 구니시로, 『북유럽 신화』, '훈딩을 죽인 헬기의 노래 제1곡', 63~64쪽 인용.

16 『마하바라타』, 저자 옮김, 참고.

17 이토 세이지, 『중국의 신화와 전설』, 참고.

18 구레 시게이치(吳茂一), 『그리스 신화(ギリシァ神話) 신장판』, 신초사, 1994, 124~128쪽 참고.

19 스가와라 구니시로, 『북유럽 신화』, 56~59쪽 참고.

20 야지마 후미오, 『메소포타미아 신화(メソポタミアの神話)』, 치쿠마 학예문고, 2020, 172~179쪽 참고.

21 가미무라 가쓰히코(上村勝彦), 『인도 신화(インド神話)』, 도쿄서적, 1981, 89~93쪽 참고.

Ⅲ · 신의 목소리를 들을 수 있다면

1 사사키 다카시, 『일본 신화·전설을 읽다(日本の神話·伝説を読む)』, 이와나미 신서, 2007

2 이무라 기미에(井村君江), 『켈트 신화(ケルトの神話)』, 치쿠마 문고, 1990, 81~86쪽 참고 및 일부 인용.

3 스가와라 구니시로, 『북유럽 신화』, 53~54쪽 및 114~117쪽 참고.

4 야지마 후미오, 『이집트 신화(エジプトの神話)』, 치쿠마 문고, 1997, 58~62쪽 참고.

5 『성서』, 구약성서 1쪽 인용.

6 『성서』, 신약성서 160쪽 인용.

7 『성서』, 구약성서 3쪽 인용.

8 『성서』, 구약성서 13쪽 참고.

9 오비디우스(Ovidius), 『변신이야기 2』, 이윤기 옮김, 민음사, 1998, 참고.

10 구레 시게이치, 『그리스 신화 신장판』, 473~475쪽 참고.

11 헨리 카르누아(Henri Carnoy), 『프랑스 민화집(フランス民話集) 2』, 야마나카 도모코(山中知子)
    외 옮김, 동양문화사, 1981, 7~13쪽 참고.

12 헨리 카르누아, 『프랑스 민화집 2』, 121~124쪽 참고.

13 『성서』 구약성서, 438쪽 참고.

14 요시다 아쓰히코, 〈오호쿠니누시가 저승 세계인 네노가타스쿠니에서 가지고 나온 고토
    의 의미와 역할〉, 『동아시아 고대문화(東アジアの古代文化)』 100호, 1999.

15 C. S. 루이스(Clive Staples Lewis), 『나니아 연대기』 4장 캐스피언 왕자, 햇살과 나무꾼 옮김,
    시공사, 2005, 참고.

16 C. S. 루이스, 『나니아 연대기』 1장 마법사의 조카, 참고.

17 요한 볼프강 폰 괴테(Johann Wolfgang von Goethe), 『파우스트 1』, 정서웅 옮김, 민음사,
    2009, 참고.

18 고 분야, 『상대 중국 정악 고찰』, 191~192쪽 참고.

19 웬디 도니거, 『힌두교에 대하여(On Hinduism)』, 21쪽, 저자 옮김.

20 구레 시게이치, 『그리스 신화 신장판』, 630~633쪽 참고.

21 조르주 뒤메질, 『신들의 구조』, 48쪽 참고.

22 스가와라 구니시로, 『북유럽 신화』, 76~79쪽 참고.

23 미란다 올드하우스 그린(Miranda Aldhouse-Green), 『켈트 신화(ケルト神話)』, 구라시마 마사토
    옮김(倉嶋雅人), 스펙트럼 출판사, 2018, 75쪽 참고.

24 헤로도토스, 『역사』, 천병희 옮김, 숲, 2022, 참고.

IV · 삶과 죽음, 그 사이의 여성

1 『성서』, 구약성서 2~6쪽 참고.

2 마쓰무라 가즈오, 『여신의 신화학(女神の神話学)』, 헤이본사, 1999, 70~72쪽 인용.

3 오카다 아쓰시, 『아담과 이브』, 140쪽 인용.

4 구레 시게이치, 『그리스 신화 신장판』, 94~95쪽 참고.

5 구레 시게이치, 『그리스 신화 신장판』, 178~180쪽 참고.

6 구쓰카케 요시히코(沓掛良彦), 『호메로스의 찬가(ホメーロスの諸神讚歌)』, 헤이본사, 1990, 316쪽 인용.

7 구쓰카케 요시히코, 『호메로스의 찬가』, 6~35쪽 참고.

8 칼 케레니(Karl Kerenyi), 칼 구스타프 융(Carl Gustav Jung), 『신화학 입문(神話学入門)』, 스기우라 다다오(杉浦忠雄) 옮김, 쇼분사, 1975, 206~207쪽 인용.

9 아이스킬로스 『공양하는 여성들(供養する女たち)』 127쪽 및 마쓰무라 가즈오 외 『세계 여신 대사전(世界女神大事典)』, 하라쇼보, 2015, '가이아' 인용.

10 마쓰무라 가즈오 외 『세계 여신 대사전』, '수라사' 인용.

11 마쓰무라 가즈오 외 『세계 여신 대사전』, '신히카' 인용

12 『마하바라타』4, 가미무라 가쓰히코 옮김, 치쿠마 학예문고, 2002, 64~67쪽 참고.

13 쓰지 나오시로, 『고대 인도 설화』, 28~31쪽 참고.

14 이토 세이지, 『중국의 신화와 전설』, 참고.

15 구레 시게이치, 『그리스 신화 신장판』, 260~261쪽 참고.

16 마쓰무라 가즈오 외 『세계 여신 대사전』, '멜루진' 참고.

17 이나다 고지(稲田浩二), 『일본의 옛날이야기(日本の昔話)』 상, 치쿠마 학예문고, 1999, 95~97쪽 참고.

V · 그래서 오늘도 신화를 읽는다

1 하인리히 짐머(Heinrich Zimmer), 『인도의 예술과 문명의 신화와 심벌(Myths and Symbols in Indian Art and Civilization)』, 프린스턴 대학 출판, 1972, 참고.

2 학자 위원회, 〈고대 인도의 전통과 신화(Ancient Indian Tradition and Mythology) '링가-푸라나 (The Linga-Purana) 1〉, 모셜 바나시다, 1973, 59~61쪽, 저자 번역 및 요약.

3 가미무라 가쓰히코, 『인도 신화』, 199~202쪽 참고.

4 『마하바라타』6 〈바가바드 기타〉 4장 5절, 가미무라 가쓰히코 옮김, 105쪽 인용.

5 미르치아 엘리아데(Mircea Eliade), 『이미지와 상징』, 이재실 옮김, 까치, 1998, 참고.

6 가미무라 가쓰히코, 『바가바드 기타의 세계(バガヴァッド・ギーターの世界)』, NHK 라이브러리, 1998, 326쪽 인용.

7 『마하바라타』, 저자 옮김, 참고.

**세상의 모든 이야기는
신화에서 시작되었다**

초판 1쇄 발행 2024년 6월 5일

지은이 오키타 미즈호
옮긴이 이정미
펴낸이 김선준

편집이사 서선행
책임편집 유채원 **편집2팀** 배윤주
디자인 정란
마케팅팀 권두리 이진규 신동빈
홍보팀 조아란 장태수 이은정 권희 유준상 박미정 박지훈
경영지원 송현주 권송이

펴낸곳 ㈜콘텐츠그룹 포레스트
출판 등록 2021년 4월 16일 제2021-000079호
주소 서울 영등포구 여의대로 108 파크원타워1, 28층
전화 02) 332-5855 **팩스** 02) 332-5856
홈페이지 www.forestbooks.co.kr
종이 ㈜월드페이퍼 **출력·인쇄·후가공·제본** 한영문화사

ISBN 979-11-93506-57-8 (03100)

㈜콘텐츠그룹 포레스트는 독자 여러분의 책에 관한 아이디어와 원고 투고를 기다리고 있습니다.
책 출간을 원하시는 분은 이메일 writer@forestbooks.co.kr로 간단한 개요와 취지, 연락처 등
을 보내주세요. '독자의 꿈이 이뤄지는 숲, 포레스트'에서 작가의 꿈을 이루세요.

옮긴이 이정미

성균관대학교 신문방송학과를 졸업한 뒤 개구쟁이 아들을 키우며 번역을 하고 있다. 제22회 한국번역가협회 신인번역장려상을 수상했으며 바른번역에서 일어 출판 번역 전 과정을 공부했다. 옮긴 책으로는 『70세의 정답』, 『알아두면 돈이 되는 브랜딩』, 『프로세스 이코노미』, 『일 잘하는 팀을 만드는 리플렉션의 힘』, 『세계 최고의 인재들은 어떤 루틴으로 일할까』 등이 있다.